쩍박골정원

**일러두기**

책에 나오는 식물의 이름은 국가표준식물목록
www.nature.go.kr/kpni/SubIndex.do 을 기준으로 정리했습니다.

# 찍박골정원

신나는 실패가 키운
나의 정원 이야기

글
사진
김경희

목수책방
木水冊房

## 글을 시작하며

백두대간을 두 번이나 종주한 남편은 산속에서 살겠다며 지리산부터 속리산을 거쳐 설악산 권역까지 두루 살 곳을 찾아다녔다. 그러다가 인제 찍박골을 만났다. 그 땅을 본 이후 곧바로 이 골짜기에 들어와 곰팡이 냄새 폴폴 나는, 지은 지 10년이 넘은 구옥舊屋에 살기 시작했다. 리모델링까지 마친 서울의 아파트로 이사한 지 6개월 만에 내린 결정이었다. 얼마 지나지 않아 아파트, 사업체, 그리고 친구들을 뒤로 하고 평생을 살아왔던 서울을 떴다. 남편이 마음이 동動하면 자잘한 일은 거들떠보지 않는 사람이라는 걸 아는지라, 나는 얼떨결에 이삿짐 속에 딸려 와 이곳 찍박골에 정착하게 되었다.

"여기 돈 들이지 말아라!" 처음 찍박골을 방문한 친정엄마의 눈에는 황량하기만 한 골짜기 땅이 심란하기 짝이 없었을 것이다. 세상 물정 모르는 딸내미 내외의 철부지 로망 정도로 보였을지도 모르겠다. 설악산 중청봉이 보이는 해발 700미터 위치에 자리한 우리 집. 개울이 있고, 주변이 국유림으로 둘러싸여 있으며, 골짜기를 혼자서 통째로 쓸 수 있는 우리의 자랑 '찍박골'은 1970~80년대 개발 시기를 겪으면서 부동산으로 재미를 보았던 엄마 눈에는 돈이 될 성싶지 않아 보였을 것이다. 얼마만큼의 가치가 있고, 팔 때는 얼마를 받을 수 있으며, 개발하려면 얼마 정도 돈이 들어가야 한다는 계산이 영특한 노인네의 머릿속에서는 이미 끝나 있었다.

텃밭을 만들고, 잔디를 깔고, 아침마다 정원에 나가서 식물들을 돌

보는 딸내미는 친정엄마의 눈에는 돈도 안 되는 짓만 하고 사는 '꽃순이' 한량이었다. 특히 상추와 쑥갓, 호박이 자라는 텃밭은 거들떠 보지도 않고 꽃만 어르고 달래는 모습을 영 마땅치 않아 했다. 그렇게 8년이 지난 2021년, 처음으로 엄마는 "혼자 보기에는 너무나 아깝다"라는 말을 했다. 그러면서 "나는 이 개울이 젤 예뻐"라는 말도 덧붙였다. 개울 바로 옆의 댄싱가든에 현기증이 날 만큼 아름다운 꽃들이 흐드러지게 피어 있음에도 불구하고, 엄마는 개울과 개울가에 심은 난초(아무리 아이리스라고 말해 주어도 엄마는 항상 '난초'라 부른다)가 그렇게 예쁠 수가 없단다.

2013년 아무런 마음의 준비도 없이 나섰던 영국 가든 투어는 내 인생을 통틀어 나에게 가장 큰 문화적 충격을 주었던 사건이었다. 어떻게 살아 있는 식물로, 우리는 1년 내내 한 번도 밟을 일이 없는 흙 속에 이다지 아름다운 예술세계를 만들어 놓을 수 있을까? GDP 4만 달러가 넘는 영국 사람들의 정원문화와 자연을 바라보는 시각, 정원을 즐기는 여유가 단순히 부럽다는 마음을 넘어 충격으로 다가왔다. '이 세상'이 아닌 듯했다. 풀과 나무로, 살아 있는 식물로 상상도 해 보지 못한 이런 세상을 만들어 내다니. 정원을 만든 사람들에게 감사한 마음이 들었다. 이렇게 가드닝과 인연을 맺기 시작한 지 어느덧 10년이 넘었다. 황량한 풀밭에서 시작한 가드닝은 이제 '혼자 보기 아까운 정원'이 되었고 내가 이 산골에 사는 존재 이유가 되었다. 정원은 나에게 소중한 제2의 인생을 열어 주었다.
영국 가든 투어를 다녀오자마자 내 목표는 '영국 정원 만들기'였다. 전공자도 아니었고, 어떤 순서로 정원을 가꾸어야 하는지도 몰랐으며, 가장 중요한 식물이 무엇인지도 모르면서, 내 목표는 영국 정원이었다. 그러다 보니 하나부터 열까지 몸으로 부딪히며 실패를 경험해야만 배울 수 있는 거친 과정이었다. 정원 관련 정보가 넘쳐 나는 것도 아니고, 가까이 가서 보고 배울 정원이 많지도 않았고, 정원 식물을 쉽게 구할 수도 없는 정원 척박지인 우리나라에서 정원을 만드는 일은 시행착오의 연속일 수밖에 없었다.

전문가의 도움을 받은 텃밭정원과 댄싱가든을 비롯해 화이트가든, 앞마당정원, 암석정원, 자작나무숲, 개울정원, 사과공원, 숲자락정원까지, 10년에 걸쳐 아홉 개의 정원을 조성하면서 숱하게 겪었던 소중한 실패와 그 실패로부터 배운 가드닝 지식을 나누고 싶었다. 전공자는 아니지만 내가 '발로 배운 가드닝'을 기록하고 싶어 블로그를 시작했고, 너무나 우연한 기회에 〈월간 가드닝〉에서 모집하는 객원기자에 선정되어 글을 쓰기 시작했다. 글이라기보다는 그냥 정원을 가꾸면서 소소하게 겪는 신변잡기 에피소드를 나만큼 가드닝에 진심인 여러 '정원쟁이'와 함께하고 싶었다. 이론적 배경이 탄탄한 전문적인 내용이 아니라 호미질하고, 삽질하고, 발품 팔고, 필요한 책을 뒤져 하나씩 모은 지식을 솔직하게 무게 잡지 않고 옆집 아줌마들끼리 모여 키득거리며 수다 떠는 것처럼 공감하고 공유하고 싶었다. 그렇게 정원 이야기로 밤을 새우고 싶었다.

초보자이거나 고수이거나 상관없이 정원을 끔찍하게 사랑하는 사람들, 앞으로 정원을 만들고 가꾸고 싶은 사람들, 정원을 가꾸고 있지만 갈아엎고 싶은 사람들, 텃밭에 재미 붙인 아버지한테 특별한 선물을 하고 싶은 자식들, 하루 종일 컴퓨터 앞에 앉아 있다가 머리를 시원하게 비워 낼 박하 같은 휴식이 필요한 사람들. 누구나 무겁지 않게, 때로는 키득거리면서, 때로는 내 이야기 같아 헛웃음을 지으면서, 때로는 황홀한 정원의 모습에 가슴 두근거리는 설렘을 맛보면서, 누구나 곁에 두고 재미있게 볼 수 있는 책을 만들고 싶었다. 그래서 정원이 우리 모두로부터 너무 멀지 않은 곳에 있기를 원했다.

어느 날 동이 트기 시작할 때부터 호미질을 시작했는데, 해가 중천에 오르자 배가 너무나 고팠다. 그래서 밥 한술 뜨려고 슬슬 집으로 올라왔다. 댄싱가든을 지나고, 암석정원을 지나고, 화이트가든을 지나 집으로 가는데, 막 남쪽으로 내려가는 햇살을 받아 정원이 영화 속 장면보다 더 순결하게 빛나고 있었다. 문득 '나는 왜 이 정원을 가꾸지?', '이 정원을 나 혼자 즐기겠다고?' 산해진미로 가득한 회갑상에 덜렁 나 혼자 앉아 있는 것 같았다. 함께 행복하고, 함께 감동하고 싶었다.

돌이켜 보면, 신기하고, 기특하고, 감사하고, 대견하다. 정원에 관해 '1'도 모르면서 무작정 돌진해 나갈 수 있게 해 준 '용기'에 감사한다. 이런 용기에 박수쳐 주고, 음으로 양으로 도와준 남편에게 고맙다. 엄마의 정원을 보며 항상 '엄지 척'을 해 준 아들과 며느리에게도 고맙다. 나에게 정원으로 향하는 문을 열어 준 오경아 가든디자이너에게, 그리고 할 수 있다고 살살 부추겨서 기어이 책을 쓰게 만든 최경희 선생님에게도 감사의 마음을 전한다.
이제는 이 정원을 나눌 방법을 찾아야겠다.

2023년 봄, 찍박골정원에서 김경희

찍박골정원

글을 시작하며 ©행복이 가득한 집 by 박찬우

# 차례

4　　글을 시작하며

12　　모든 프로젝트는 '기획'부터 | '흰 꽃' 피우는 식물을 심는다고 '화이트가든'이 되지는 않는다

22　　모아 심어도 탈, 흩어 심어도 탈 | 식물과 정원의 속성을 알아 간다는 것

32　　배초향도 다 같은 배초향이 아니다 | 야생에서 자라나는 식물과 정원용 원예종은 다르다

42　　'지름신' 피트 아우돌프의 강림 | 정원, 행복한 도전이 이어지는 곳

54　　정원은 실패를 먹고 자란다 | 초보 정원사들이 하기 쉬운 실수

66　　정원은 가을에 시작한다 | 가을에 준비하면 내년이 수월진다

74　　겨울 정원에 변덕을 부리는 중 | 겨울 정원에는 어떤 아름다움이 담겨야 할까

84　　조생·중생·만생종, 귤이 아니라 튤립 이야기 | 품종에 따라 개화 시기가 다르다

94　　큰 나무를 옮기는 어리석음에 관하여 | 욕심을 버리고 작은 나무부터

104　　관목에 대한 두 가지 단상斷想 | 수국이 던진 숙제, 명자꽃이 주는 그리움

116　　10년 실패를 밑천 삼아 추천하는 '봄꽃 베스트 10'

130　　손 안 가고 오래 피는 '여름꽃 베스트 10'

144　　저무는 정원을 밝히는 '가을꽃 베스트 10'

156　　우리 집 마당 수난사 | 가드닝의 지름길은 없다

166　　정원에는 꽃과 나무만 있는 게 아니다 | 에지와 셰드의 효용에 관하여

174　　상추도 물만 먹고 살지는 않는다 | 텃밭정원 가꾸기도 농사인지라

182　　유실수는 정원수가 아니다 | 나는 왜 어떤 나무를 심으려 하는가

192　　닭 키우기마저도 '산 교육' | '동물 키우기' 로망은 실현될 수 있을까

198　　나의 시행착오는 아직도 진행 중 | 식물보다 흙이 먼저

208　　자연 속에서 사는 일도 연습이 필요하다 | 전원생활은 진화 중

218　　퇴비, 거름, 비료, 유박, 어디에 어떻게? | 비료보다 퇴비와 친하게 지낼 것

228　　실패가 키운 나의 정원, 정원이 키운 나 | 가드너란 식물이 순리대로 살 수 있게 해 주는 사람

238　　글을 맺으며

# 모든 프로젝트는 '기획'부터

> '흰 꽃' 피우는 식물을 심는다고
> '화이트가든'이 되지는 않는다

2023년, 창고로 쓸 비닐하우스를 지으면서 이걸 가려 줄 나무가 있으면 좋겠다고 생각했다. 그래서 공터에서 6~7년 정도 자란 백당수국, 불두화, 공조팝나무, 나무수국을 그곳으로 옮겨 심었다. 모두 흰색 꽃을 피우는 관목이다. 그럴 수밖에. 이 아이들은 모두 화이트가든에서 뽑힌 나무들이었기 때문이다. 정원을 조성하던 초기 몇 년 동안은 화이트가든 하나로 연명했기 때문에 흰 꽃이 피는 식물밖에는 심을 수가 없었다. 이후에 만들어진 정원에는 형형색색의 꽃이 피는 식물들을 '흰 꽃'에 복수하듯 심었건만, 그래도 여전히 우리 집에는 아직도 '흰 꽃' 나무들이 남아 있다.

처음에는 줄자를 어디서 구해야 하는지도 몰랐고, 줄자를 들고 나가서 치수를 재는 일 자체도 엄두가 나지 않았다. 정원이 한 덩어리로 된 것도 아니고, 식재 공간이 세 개로 분리되어 있는 데다가 직선도 아닌 곡선의 타원 모양이라 더욱 엄두가 나지 않았던 것 같다. 어쨌든 크게 한 걸음 걸으면 50센티미터 정도 되겠고, 그렇게 두 걸음 걸으면 1미터라 생각하고, 거기에 혹시 모자라면 안 되니까 여분으로 좀 더 수치를 더해서 시공사에 대충 그려서 보냈다. 시공사는 나무와 풀을 빽빽하게 심어 주고 갔다. 내 기억에는 타원형의 가장 긴 쪽을 5.5미터로 보냈던 것 같은데, 몇 년 전에 재어 보니 3.5미

어느 해인가 읍내에 나갔다가 본, 구릿빛 이파리로 멋지게 몸단장을 한 맨드라미가 마음에 쏙 들었다. 씨를 긁어서 티슈에 돌돌 말아 겨우내 고이 간직했다가 봄에 상추 옆에 심어 주었다. 봄꽃이 진 자리에 심어 줄 요량으로. 하지만 새싹이 나올 때부터 뭔가 수상한 느낌이 들었는데, 결국 맨드라미가 아니라 안개초 *Gypsophila elegans*가 올라왔다.

터가량 되었다. 이 정도 차이를 두고 정원 세 곳을 모두 합하면 거의 실제 면적보다 60~70퍼센트 정도 면적을 넓게 잡아 보낸 것이다.

한 해 두 해 지나면서 뿌리를 내린 '흰 꽃' 나무들은 정원이 숲인 것처럼 울창하게 우거져서 풀이 거의 안 날 정도로 짙은 그늘을 만들었고, 나무로 가득찬 화이트가든에서는 봄 한철을 빼고는 꽃이 피는 식물이 없었다. 그 빽빽한 관목 숲에는 다른 식물을 심을 자리가 없었다. 그래서 필요한 한 두 그루씩만 남기고 모두 뽑아서 한동안 쓸 것 같지 않은 경사지 땅으로 자리를 옮겼다. 그 나무들을 옮기면서 보니 족히 스무 그루가 넘어 보였다. 면적도 제대로 모르고 덤벼들어 이 사달이 난 것이었다. 그러고 보니 지금도 화이트가든의 정확한 면적을 나는 모른다.

정원을 조성하려 할 때 실행에 앞서 '기획'을 해야 한다는 걸 상상도 못한 것이다! 흰 꽃이 피는 나무를 심으면 그냥 화이트가든이 되는 줄 알았다. 모든 프로젝트는 기획 단계에서 80퍼센트 이상 결정된다고 그렇게 누누이 잔소리를 했었는데, 정작 나는 덜컥 삽부터 들었으니 처음부터 시행착오는 예정된 불상사였다. 화이트가든을 어떤 목적으로 사용할지 계획도 없었고, 흙을 만들어야 한다는 것도 몰랐고, 교목과 관목도 구별이 안 되는 상태였으니 오죽했으랴.

화이트가든은 이래저래 처음 만든 정원이라 별나게 시행착오도 많았고, '화이트'라는 너무 어려운 주제를 선택했기 때문에 그 시행착오는 지금도 계속되고 있다. 마치 의욕만 앞서는 욕심 많은 엄마의 큰아이로 태어나 학원 다섯 개를 거쳐 아빠보다 늦게 집에 돌아오는 초등학생 같다. 내게 화이트가든은 힘든 내색도 안 하고 욕심꾸러기 엄마 말씀 잘 듣는 안쓰러운 맏딸 같은 정원이다.

화이트가든은 무조건 '화이트'여야 한다고 생각한다. 그런데 모형 경비행기가 뻘겋게 녹슨 채 눈치도 없이 한가운데 떡하니 서 있다. 나는 이걸 왜 옮기지 못하는 것일까? 내가 좋아하는 영화 〈아웃 오브 아프리카〉의 노란색 경비행기를 붙잡아 두고 싶어서일까?

화이트가든은 6~8월이 절정이다. 여름이 지나면 이파리도 줄기도 꽃송이도 가을빛이 돈다. 화이트가든은 청록색이 넘치는 푸름과 흰색이 넘치는 순결함의 조화가 제맛이라고 생각하기 때문인지 9월부터는 화이트가든으로 향하는 발길이 뚝 끊긴다.

↓ 겨울이 긴 찍박골에서는 늘 봄꽃을 기다리느라 애가 탄다. 이른 수선화와 실라 시베리카 '알바'*Scilla siberica* 'Alba'가 꽃을 피우면 꽃씨도 심고, 한해살이풀도 심고, 가지치기도 한다. 드디어 정원의 대장정이 시작된다.

---

→ 화이트가든의 절정은 6월부터 8월까지다. 푸름도 충만하고 순백도 충만하다. 6월에는 샤스타데이지와 아이리스, 7월에는 에키나시아와 꼬리풀, 8월에는 플록스와 나무수국이 주연을 맡는다.

# 모아 심어도 탈,
# 흩어 심어도 탈

| 식물과 정원의 속성을
알아 간다는 것

2013년, 아무런 마음의 준비도 없이 가든 투어를 하러 영국으로 떠났다. 열흘 넘게 영국의 여러 정원을 돌아다니는 내내 충격과 부러움, 질투와 감동 등 여러 감정이 수시로 마음속을 오르락내리락했다. 나는 '가든'이라는 새로운 세상에 혼을 빼앗겨 버렸다. 물론 그 여행이 내게 인생 2막을 열어 주리라 상상조차 하지 못했지만, 분명 그 여행이 내게 '환희로 가득 찬 가든'과 매일매일 헤매는 '좌충우돌 가드닝'의 출발이 되었다는 사실은 확실하다.

여행에서 돌아오자마자 처음으로 조성한 정원이 '화이트가든'이었다. 시싱허스트Sissinghurst Castle Garden에서 사 온 책을 흉내 내 본 정원이었다. 책에서 소개한 대로 '모아 심는block planting' 방법으로 식물을 심었다. 한 품종마다 15~20개씩 똑같은 분량으로 모아 심는 방법이었다. 처음에 심을 때는 나름 5월에 꽃이 피는 식물부터 10월에 꽃이 피는 식물까지 골고루 안배했건만, 식물은 항상 내가 상상하는 것처럼 꽃을 피우지 않았다. 뿐만 아니라 더 큰 문제가 있었다. 엄청나게 풍성하게 피어난 꽃들이 정점을 지나고 나면 풍성했던 만큼 지고 난 자리도 풍성(?)하게 만든다는 것이었다.

여러해살이풀은 아무리 길어야 한 달 정도 꽃이 핀다. 그 기간이 지나고 나면 시들어 버린 꽃대와 축축 늘어지는 줄기를 잘라 주어야 하는데, 그러고 나면 쑥 꺼져서 그 자리는 휑 비어 버리고야 만다. 풍성하게 꽃이 핀 만큼 빈자리도 넓어져서, 봄에 한 달 정도를 제외하고 나면 정원은 항상 구멍이 숭숭 뚫려 있는, 발효가 잘된 치아바타 같았다. 정원의 구멍이 커질수록 바람 든 무처럼 볼품이 없어졌다. 그 자리를 메우겠다고 한해살이풀을 심어 보았지만, 오히려 그 그늘에 가려진 여러해살이풀이 다음 해에 사라져 버렸다.

그래서 지금은 아예 한해살이풀 심을 자리를 고정했다. 예를 들면 봄에 피는 알리움은 장마 전에 캐서 보관하고, 그 자리에 다알리아를 심는 식이다. 그러면 초여름에 피는 다알리아가 가을까지 자기 자리를 굳건하게 지켜 주어 구멍이 생기지 않게 된다. 또 1년 내내 보살펴야 기껏 1주일 꽃을 보여 주는 배은망덕한(?) 작약은 백합 구근과 함께 심는다. 그러면 빈 자리도 메우고, 다음 꽃도 올라와서 1년 2모작 같은 효과를 낼 수 있다. 그럼에도 불구하고 모아 심기를 하면 어떻게 해도 숭숭 구멍이 뚫린 것처럼 빈자리가 생긴다. 5월부터 10월까지 꽃으로 가득 찬 그림 같은 정원을 기대하는 사람에게 모아 심기는 실망도 클 수 있는 식재법이라는 사실을 깨달았다.

그러다가 제임스 히치모James Hichimough의 《소잉 뷰티Sowing Beauty》라는 책을 만났다. 이 책에서 '흩어 심기randomized planting'라는 방법을 알게 되었다. 책에서는 씨로 시작하는데, 우리나라의 극악무도한(?) 잡초의 기세를 생각하면 사진에서 보았던 아름다운 정원이 만들어질 것 같지 않았다. 그래서 원리만 이해하고 내 맘대로 모종을 구입해서 심었다. 예를 들어, 살비아Salvia 모종 15개를 심는다면 한 곳에 한꺼번에 모아 심는 대신 정원 전체에 흩뿌려 흩어 심는 방식이었다.

찍박골정원

모아 심기로 식재한 화이트가든과 흩어 심기로 식재한 앞마당정원을 가꾸어 본 후에 두 가지 방법을 적당히 섞어서 암석정원을 만들었다. 찍박골정원 정도의 크기에는 이 방식이 맞지 싶다.

← 늦봄에는 은색 램스이어Stachys byzantina, 보라색 살비아Salvia, 네페타Nepeta가 어우러져 고급스러운 느낌을 연출한다. 초여름이 오면서 살비아는 꼬리풀로 바뀌고, 우단동자꽃 Lychnis coronaria과 모나르다Monarda가 분홍색을 양념처럼 곁들이면, 보라색 원피스에 분홍색 립스틱을 바른 단발머리 대학생 같은 상큼한 정원이 된다.

↑ 인터넷에서 머리가 띵해질 정도로 멋진 정원 사진을 만난 후, 제임스 히치모를 알게 되었고, 그의 책을 알게 되었고, '흩어 심는' 방법을 알게 되었다.

↓ 화이트가든과 가장 앞쪽의 앞마당정원은 조성할 당시 모아 심기로 식재했다. 식물을 바꿀 때마다 점점 그룹을 흐트러뜨려서 흩어 심기로 바꾸어 가는 중이다.

이 방법도 역시나 시행착오를 피해 갈 수는 없었다. 첫째, 둘째 해가 지는 그런대로 가꿀 만했고, 매달 새로운 꽃이 피어서 꽃밭이 새롭게 태어나는 것 같았다. 정말로 봄부터 가을까지 꽃으로 가득한 정원이 되었다. 이때쯤 식재에 대한 자신감이 '뿜뿜' 커져서 언니네 정원도 디자인해 주고, 지인들의 정원도 이건 된다, 안 된다 '지적질'을 하기 시작했다.

그러다 셋째 해가 되자 네페타*Nepeta*가 조폭처럼 자라나기 시작했다. 네페타 때문에 같은 시기에 올라와야 할 패랭이꽃*Dianthus*이 네페타의 그늘 속에서 시름시름 앓고 있었다. 또 한여름에 피는 에키나시아*Echinacea*와 배초향*Agastache*, 그리고 가을에 꽃이 피는 아스터*Aster*는 1미터 정도나 올라오더니 덩치 좋은 역도선수처럼 몸집도 불어났다. 그나마 뒤쪽에 자리 잡은 아이들은 괜찮았는데, 정원 앞쪽에 놓인 역도선수는 내가 그 앞을 지날 때마다 머리통을 한 대 쥐어박을 기세였다. 그러다 보니 함께 자라야 할 리아트리스*Liatris*나 카타낭케 카이룰레아화살꽃, *Catananche caerulea*는 위세 좋은 역도선수들의 그늘에 가려지거나 몸싸움에서 밀린 축구선수처럼 한쪽으로만 기울어져서 삐딱하게 크는 신세가 되어 버렸다. 학교를 완전히 장악한 일진이 따로 없었다. 결국, 관목처럼 자라난 뿌리들과 혈투를 벌인 끝에 거의 절반 정도를 솎아 내고서야 상황이 진정되었다. 책에서 소개한 식물을 구할 수도 없거니와, 구한다 해도 월동하지 못하는 식물이었기 때문에 책에서 배운 식물을 선택할 수도 없었고, 게다가 키 큰 식물을 20~30퍼센트만 심으라는 가이드라인도 무시하고 욕심껏 심어서 생긴 결과였다.

식물의 습성도 조금씩 알아 가고, 정원의 속성도 알아 가고, 가드닝

가을의 암석정원은 '시듦'이 아름다운 시기다. 초록의 청춘도 아니고, 분홍 꽃잎의 화사함도 아니고, 황혼의 주름살을 영예처럼 입은 평온한 초로의 얼굴이다. 이 페이드 아웃fade out 되어 가는 화면에 마지막 색깔을 입혀 주는 보라색 꽃은 솔체꽃Scabiosa comosa이다. 찍박골에서 피는 마지막 꽃이다.

의 쓴맛과 단맛을 경험하고 나서, 첫 번째 방법과 두 번째 방법을 섞어 암석가든을 만들었다. 모아 심지도 않고, 흩어 심지도 않는, 딱 적당히 섞어 심어야겠다는 잔꾀를 부린 것이다. 같은 식물을 세 개 모아 심기도 하고, 뚝 떨어뜨려 다섯 개를 모아 심기도 하고, 또 뚝 떨어뜨려 한 개만 심기도 하고, 간격을 널찍하게 벌려서 심어 주기도 했다. 뚝뚝 떨어뜨려서 심었는데도 정원이 가득 차 보이고 한 종류의 꽃이 지고 나서 싹둑 잘라 주어도 다음 꽃들이 또 여기저기서 올라와서 빈 구멍이 없어 보였다. 아니, 빈 구멍이 있어도 괜찮았다. 어차피 띄엄띄엄 심어서 전체에 가득 차 보이도록 했으니까. 그래서 지금까지 암석가든은 찍박골정원에서 가장 성공적인 정원 중 하나가 되었다. 5월부터 10월까지 다양한 꽃들이 쉼 없이 피어나고, 바위보다 세지도 않고, 바위에 치이지도 않게, 적당하게 식물들이 자리를 잡아 원숙하게 나이 들어가는 정원이 되어 가고 있다.

그런데 사실 암석정원은 내가 특별하게 뭘 잘해서라기보다 대충 심어도 멋이 나는 그런 정원이다. 한계령을 넘어갈 때마다 바위의 매력에 감탄한다. 소나무 한 그루만 덜렁 앉아 있어도 멋이 나고, 소나무가 무더기로 서 있어도 멋이 나고, 아무것도 없이 맨 바위만으로도 멋이 난다. 그래서 찍박골의 암석정원은 내 실력이 아닌 바위의 힘으로 아름다워지고 있는 걸로 결론을 내렸다.

강원도의 푸석바위가 한편에 서 있는 이 쓸모없는 삼각형 땅에 바위를 얹어 암석가든을 만들었다. 푸석바위 덕분에 버려진 조각 땅에 멋진 정원이 탄생했다.

# 배초향도
# 다 같은 배초향이
# 아니다

> 야생에서 자라나는 식물과
> 정원용 원예종은 다르다

내 기억 속의 톱풀Achillea alpina 은 아직도 전투력 '갑'인 최전방의 병사 같은 식물이다. 자갈투성이 경사진 둑에 흘러내리는 흙을 잡자고 톱풀, 샤스타데이지Leucanthemum × superbum, 에키나시아 그리고 꽃잔디 Phlox subulata를 섞어 심었다. 한 해가 가고, 두 해가 가고, 6년이 지난 지금. 쑥과 쇠뜨기 그리고 잡초나 다름없는 샤스타데이지가 남아 있다. 그리고 톱풀이 남아서는 초등학교 때 비행기에서 마구잡이로 뿌려 대던 '삐라'같이 씨를 퍼뜨리고 있다. 처음 20여 개 정도 심은 톱풀은 잡초에도 밀리지 않을 뿐만 아니라, 그 주변을 온통 톱풀 군락지로 만들어 버렸다. 잔디밭에도, 10여 미터 떨어져 있는 텃밭에도, 개울 돌 틈에서도 톱풀은 어김없이 싹을 내고 꽃을 피웠다.

그런데 가만 보니, 흰색과 분홍색 꽃을 피우는 톱풀은 천방지축으로 씨를 뿌려 대는데, 속명이 뭔지, 품종이 뭔지도 몰랐을 때 '레몬톱풀'이라는 이름으로 유통되던 아이는 새색시처럼 수줍지만 더없이 우아하게 피어났다가 조용히 사라졌다. 워낙 극성스러운 첫째 아이 그늘에 가려져 있는 순둥이 둘째처럼, 극성스러운 토종 톱풀 때문에 레몬색 톱풀이 이리 얌전하다는 사실을 나중에야 알게 되었다. 이때만 해도 '색깔에 따라서 번식력이 다른가 보다', '품종에 봄바람에 살랑살랑 나부끼는 미니스커트처럼 생긴 하얀 꽃은 에키나시아 팔리다 '훌라 댄서' *Echinacea pallida* 'Hula Dancer'다. 일반적인 분홍색 에키나시아꽃보다 2주가량 이르게 피고 자연 발아도 잘하지만, 큰 키를 받쳐 줄 만큼 줄기가 억세지 못해 잘 쓰러진다는 단점이 있다. 어찌 보면 소박한 들꽃 같고, 또 어찌 보면 세련된 여배우 같은 이 아이는 아스틸베 *Astilbe*와 더불어 초여름 댄싱가든의 주인공이다.

따라 약간씩 다르구나' 정도로만 이해하고 있었다.

여름 뙤약볕의 기세가 한풀 꺾이는 날에, 개울가에 아무렇게나 자라고 있는 배초향을 보았다. 보라색 핫도그처럼 위로 솟은 꽃이 너무 인상적이어서 인터넷을 뒤지고, 영문을 검색해서 'agastache'라는 이름을 찾았다. 배초향이 핀 환상적인 정원 사진은 실행력이라면 빠지지 않는 내가 시험에 들기에 충분했다. 곧바로 배초향을 구해서 정원 맨 뒷줄에 심었다. 이듬해 부쩍 자라 올라오는 배초향을 보면서 내 희망도 점점 커져만 갔다. 그러나 막상 여름이 되자 내 키를 훌쩍 넘게 자란 배초향은 내가 인터넷에서 보았던 그 식물이 아니었다. 꽃대도 촘촘하지 않고, 어수선한 줄기에 키만 훌쩍 큰 '멀대' 같은 아이로 나타났다. 또 씨는 얼마나 뿌려 대는지. 키가 크다 보니 폴더폰처럼 허리가 구부러지는 건 당연한 일이었다. 결국, 배초향도 정원에서 뽑아내고 말았다. 내가 구입했던 배초향은 꽃을 감상하는 원예종이 아니고, 위염과 구토에 좋은, '방아'라 불리는 토종 식물이었던 것이다. '폴더폰'처럼 접힌다 해도 전혀 문제 될 게 없는 아이였다.

어느 해인가, 네페타 '블루 문'*Nepeta nervosa* 'Blue Moon'을 심었고, 그 이듬해에는 네페타 라케모사 '워커스 로*Walker's Low*'를 '블루 문' 옆에 심었다. 그리고 정확하게 품종의 차이를 이해하게 되었다. '블루 문'은 줄기가 약해서 꽃이 피기 시작하면 주저앉는다. 꽃대도 짧고, 부피감도 없어서 그다지 매력적인 아이가 아니었다. 반면에 '워커스 로'는 생울타리로 사용될 만큼 줄기가 강하고, 몸집도 크고, 꽃대도 길어서 화려할 뿐 아니라, 두어 달 정도 오래 피어 있는 아이였다.

여러 해에 걸쳐 '심고 뽑아내고'를 반복하면서 야생에서 자라나는 식물과 정원용으로 개량된 원예종 혹은 재배종의 차이를 알게 되었다. 내가 인터넷에서 보았던 침이 꼴깍 넘어가게 아름다웠던 배초향과 네페타는 정원에 맞게 품종을 개량한 새로운 아이들이었다. 키가 너무 크면 키를 줄이고, 듬성듬성 피어나는 꽃은 풍성한 꽃을 피우게 하고, 개화 기간이 짧은 아이는 오래 피도록 개량하고, 뿌리로 번져 나가는 아이들은 좀 더 얌전하게 제자리에서 자라도록 바꿔 주고 등등. 정원을 가꿀수록 원예종에 대한 신뢰가 거의 종교 수준이 된다. 그만큼 원예종의 본새는 보기도 좋고 다루기가 쉽다. 게다가 정원에 심으면 자태가 '고급지다'.

그런데 이런 품종들은 종자로 구입하기가 쉽지 않다. 왜냐면, 막대한 연구비를 들여 새로운 품종을 개발했는데, 이걸 값싼 씨로 판매할 이유가 없기 때문이다. 또한 씨로 발아시키면 개량된 형질이 나타나지 않고 부모 형질이 나타날 수 있기 때문에 주로 '베어 루트 bare root'라고 하는 뿌리 상태로 판매하거나, 화분에 심어서 판매한다. 그래서 같은 이름속명의 식물이라도 가격이 차이가 날 수밖에 없고, 심었을 때 정원의 때깔이 다르고 키우기도 수월하다.

네페타가 같은 네페타가 아니라는 사실을 아는 데까지 몇 년이 걸렸다. 10년 동안 식물을 심었다 뽑아낸 적이 열 번, 스무 번만 있었을까? 그리고 이렇게 심었다 뽑은 식물이 열 종, 스무 종만 있었을까? 사실 정원 식물 대부분이 이런 실수를 거쳐 간 아이들일 것이다.

돌이켜 보면 좀 아쉬운 일이다. 정원문화가 활성화되지 못해서 이런 기본적인 지식도 없이 대부분의 정원 초보자가 덜컥 식물부터 심어 대는 것도 아쉽고, 원하는 품종의 식물을 구하기가 어려운 것도 아쉽고, 식물에 관한 정보가 턱도 없이 부족한 것도 아쉽다.

그러나 내 정원이 인터넷에서 볼 수 있는 사진만큼 아름답지 않은 이유로는 기가 막히게 좋은 명분이다. 이런 식물이 충분히 공급되지 않아서, 아니면 정보가 없어서, 아니면 우리와 기후가 맞지 않아서 등. 유럽의 정원 같은 황홀한 정원을 만들 수 없다는 핑계로는 그만인 게지.

↑ 네페타 라케모사 '워커스 로'*Nepeta racemosa* 'Walker's Low'는 3~4년 정도 키우고 나니 한 포기가 1미터나 될 만큼 덩치가 커졌다. 가을까지 간간이 꽃이 피기는 하지만, 초여름에 꽃이 지고 나면 잘라 주는 게 깔끔하다. 네페타는 강원도에서 월동이 어려운 라벤더를 대신할 수 있는 식물이다. 꿩 대신 닭이라고? 네페타가 들으면 서운해 할 것 같다.

→ 배초향 '블루 포춘'*Agastache rugosa* 'Blue Fortune'이다. 토종 배초향을 심었다가 혼쭐이 난 후에 신중하게 골라 구입한 품종인데 만족스럽다. 튀는 색감의 보라색이 아니라 여름에 피는 향등골나물*Eupatorium tripartitum*이나 헬레니움*Helenium*과 조화롭게 잘 어울린다.

봄부터 시작해서 가을까지 계속해서 꽃이 피고 지는 찍박골정원의 식물 대부분은 원예종이다. 토종이나 원종은 금낭화 *Dicentra spectabilis*, 솔체꽃, 백당수국 *Hydrangea macrophylla* var. *normalis*, 수선화 *Narcissus tazetta* subsp. *chinensis* 정도다.

톱풀 *Achillea alpina*을 정원에 들이면서 뿌리에 울타리를 설치했다. 톱풀뿐만 아니라 꽃범의 꼬리 *Physostegia virginiana*, 베르가못 *Monarda didyma* 등 뿌리로 번식하는 아이들은 심을 때부터 뿌리를 관리해 주지만, 3~4년 지나면 어김없이 '탈옥'해서 아무 데서나 올라온다.

가장 만만한 여름꽃이 에키나시아다. 병충해 없고, 자연 발아도 적당하며, 개화기간은 거의 두 달 정도, 월동도 문제없고. 그러다 보니 공원, 길거리, 골목길 등 어디에나 피어나는 '개똥이' 같이 흔한 꽃이 되어 버렸다.

## '지름신' 피트 아우돌프의 강림

| 정원,
| 행복한 도전이 이어지는 곳

어느 해인가, 겨울에 피트 아우돌프의 책 《식재디자인Planting》을 보면서 충격에 빠졌다. 어떻게 살아 있는 식물로, 이렇게 우아하고 멋진 수채화 같은 장면을 만들어 낼 수 있을까? 어떻게 이런 생각을 했을까? 이렇게 멋질 것을 알고 했을까? 존경과 감동과 충격이 마치 처음으로 영국 정원을 보았을 때처럼 요동쳤다. 또 '용감 무식'이 꿈틀댔다.

그때까지만 해도 품종에 관해 전혀 모르고 있던 터라 꼬리풀Veronica은 모두가 똑같은 꼬리풀인 줄 알았다. 그래서 속명으로만 식물을 찾고, 구입했다. 그렇게 구한 식물들이 헬레니움Helenium, 몰리니아Molinia, 개미취Aster tataricus, 눈개승마Aruncus dioicus, 큰꿩의비름Hylotelephium spectabile, 투구꽃Aconitum jaluense, 자주등골나물Eupatorium purpureum, 배초향Agastache rugosa, 베르가못Monarda didyma 같은, 아우돌프 정원에 많이 등장하는 식물들이었다. 물론 속명이 같은 정도였지 품종까지 같지는 않았다. 그런 것까지 알 만한 깊이에 이르지 못했었다.

꿩의비름, 눈개승마, 개미취 정도는 알고 있는 식물이었다. 천국 같아 보이는 아우돌프의 정원에 내가 알고 있는 식물이 있다는 사실만으로도 가슴이 벅찼다. 겨울이 가기 전부터 설레는 가슴으로 식물을 찾기 시작해서, 지팡이를 꽂아도 싹이 난다는 4월 어느 날에 아우돌프의 정원을 가슴에 품고 식물들을 심었다. 그 식물들은 무럭무럭 자라더니 장마가 끝날 무렵, 키가 내 머리를 넘어서고 있었다. 그러더니 급기야 서로 엉키고, 부여잡고, 쓰러지고, 쓰러진 채로 꽃은 피고, 물러서 점점 녹아내리고, 베르가못은 슬금슬금 뿌리를 뻗어내고. 총체적 난국이었다.

시간이 한참 지나고 나서야 내가 구해 온 식물들이 모두 아우돌프

핑크색 여름 꽃을 피우는 등골나물 '베이비 조'*Eupatorium* 'Baby Joe'는 3년이 지난 시점부터 번식력이 왕성해져서 '베이비'라는 이름과는 달리 한 아름 이상으로 덩치가 커진다. 큰 정원이 아니면 감당하기 어려운 '쎈' 언니 같은 느낌의 식물이다. 볼륨감이 상당해서 억세 보일 것 같지만 정원을 부드럽고 고급스럽게 만들어 주는 아이다.

← 내가 가장 '애정'하는 정원 사진 중 하나다. 큰꿩의비름 '오텀 조이' *Sedum spectabile* 'Autumn Joy'인데, 이 아이는 분명 '로또'다. 쓰러짐 없고, 개화기 길고, 월동·가뭄에 강하다. 뿌리를 뽑아서 던져 놓아도 새싹이 올라올 만큼 건조에 강하다. 그뿐인가? 두 달간 지속된 장마에도 무탈하게 잘 자라서 근사한 모습을 보여 주었다. 정말 아쉬운 한 가지! 꽃망울이 맺히기 시작하면서 세균의 침입을 받아 까맣게 변해 간다. 그러나 살균제 한 방이면 가볍게 끝난다. 그래도 아쉽다.

---

↑ 여름의 꽃 에키나시아는 가을이 되면 씨송이가 까만 실루엣처럼 남는다. 겨울 정원의 시그니처 같은 모습이지만, 그대로 두면 자연 발아한 씨를 잡초보다 더 힘들게 뽑아내야 할 수도 있다. 이 씨가 겨울새의 먹이가 된다지만 슬프게도 아직 새가 먹는 모습을 본 적은 없다.

새풀Calamagrostis과 참억새 '리틀 지브러'Miscanthus sinensis 'Little Zebra' 앞에서 그라스라 해도 전혀 손색이 없는 아스틸베Astilbe의 마른 꽃대가 서 있다. 여름에 꽃이 지고 난 후에도 가을까지 똑같은 모습으로 서 있다. 마치 잔정은 없지만 늘 자리를 지켜 주는 속 깊은 아버지 같다.

가 심는 식물이 아니라는 사실을 알게 되었다. 눈개승마는 나물로 데쳐 먹는 우리나라 토종 풀이었고, 개미취와 당귀도 대한민국 산과 들 어디서나 만날 수 있는 야생 식물이었으며, 꿩의비름도 그렇고, 향등골나물도, 배초향도, 투구꽃도 모두 그랬다. 정원 식물에 맞게 개량된 원예종이 아니고 그냥 산에서 살기 좋은 야생 품종이었던 것이다. 어쨌거나 내 3미터×10미터 규모의 정원이 그들의 우람한 키와 덩치와 매너 없는 야생성을 감당할 수는 없었다. 결국 뽑아내야 했는데, 뿌리도 감당하기가 쉽지 않았다. 만약 겨울을 넘겼으면 굴삭기로 뽑아내야 했을지도 모른다.

아우돌프의 정원은 공공장소 같은 규모에서나 감당할 수 있는 스타일이었다. 가정집에서는 그들의 덩치도 감당이 안 될 뿐만 아니라, 10~20개 심는 식물로는 사진에서 보는 수채화 같은 그림이 나올 수가 없었다. 큰 소동을 치르고 얻은 결론은 '포기'였다. 내가 감당할 수 있는 규모의 정원도 아니고, 그런 식물을 구할 수도 없거니와, 감당할 만한 실력도 아직 아니라고 판단했다. 나의 꿈 '아우돌프 정원'은 그렇게 끝이 나고 말았다.

그러나 아른아른한 꿈결 같은 아우돌프의 정원은 때가 되면 도지는 통증처럼 때때로 마음속에서 되살아났다. 두 해가 지나고 또 무모한 도전을 시작했다. 다시 책을 보면서 우리 집 정원에 응용할 만한, 가장 비슷하고 만만해 보이는 식재디자인을 골라 분석하기 시작했다. 도면에 있는 아우돌프의 손글씨에 돋보기를 대고 영어 이름의 식물을 일일이 찾고, 키, 폭, 습성, 내한성, 개화 시기, 특성 등을 기록하고, 사진을 붙여 넣고, 영어와 우리말 이름을 함께 써서 식물마다 프로필을 만들었다. 어느 위치에 어떤 식물을 심었는지

식재디자인을 분석하고, 내가 보관하기 편한 파워포인트 문서로 기록해 두기도 하고, 한글을 배우는 유치원생처럼 벽에 붙여 놓고 수험생처럼 외우고 다니기도 했다. 그간의 이론 공부와 실패를 바탕으로 바른 판단을 할 수 있으리라 생각했다.

또한 정원 네 개를 만들고 보니, 내가 사용하는 식물에 한계가 보이기 시작했다. 다른 사람의 식물과 방식을 도입하고도 싶었고, 규모도 그간 내가 만들어 오던 정원과는 비교가 안 되어서 (이런저런 이유로) 꽤 부담스러운 비용을 각오하고 이번에는 전문가를 찾아 나섰다. 20여 년간 서울에서 너무나도 열심히 살았던 나 자신에게 선물을 하는 거라 위로하면서 제대로 만들어야겠다고 판단했다. 지금 생각하면 말도 안 되는 핑계를 앞세워서 저지른 수작이었다. 귀촌한 지 6년이 넘었는데 무슨 때 아닌 귀촌 선물? 어쨌거나 그렇게 약 1320제곱미터 규모의 부지에 또 겁도 없이 정원을 만들기 시작했다. 부동산 투기도, 주식 투자도 한번 못해 본 소심한 위인이지만 정원 앞에만 서면 용감 무식한 장비가 된다.

막상 조성을 하고 보니 이론과는 달리 10여 종 넘는 식물들이 강원도 인제의 겨울을 넘기지 못했고, 루이지애나쑥_Artemisia ludoviciana_처럼 심은 지 석 달 만에 뿌리가 1미터나 뻗어 나간 실패작도 있었고, 여러해살이숙근 수레국화_Centaurea cyanus_처럼 꽃은 보잘것없이 피는데 봄부터 가을까지 씨만 마구 뿌려 대는 말썽꾸러기도 있었고, 하야초 _Gillenia trifoliata_처럼 여름이면 모두 녹아 버리는 식물도 있었지만, 조성한 지 4년이 되어 가는 나의 댄싱가든은 수려한 청년의 모습으로 성장해 가고 있다. 그라스와 사초를 많이 심어서 여름부터는 바람이 불 때마다 흔들거리는 모습이 사랑스러워 댄싱가든이라는 이름을

배경을 만들어 주는 그라스는 좀새풀 '픽시 파운틴'*Deschampsia cespitosa* 'Pixie Fountain'이다. 이른 봄부터 새싹을 올리기 시작해, 봄과 여름을 거쳐 가을까지 내내 몽환적인 분위기를 만들어 준다. 어느 해에 봄 가뭄이 들었을 때, 꽃이 거의 피지 않아서 배경 없는 정원이 되어 버린 적이 있다. 비옥한 토양을 좋아한다.

늦은 봄에 꽃이 피는 긴잎쥐오줌풀은 내 키 높이에서 하얀색 꽃을 시원하게 피워 낸다. 소박하지는 않지만 정원보다 숲속이 더 잘 어울릴 것 같은 아이다.

'지름신' 피트 아우돌프의 강림

붙여 주었다. 해가 가면서 점점 나만의 색을 드러내는 정원이 되어 가고 있다. 공간의 차이도 있겠지만, 전체적으로 모아 심기를 하는 피트 아우돌프의 식재 방식에 비해 모아 심기와 흩어 심기를 적절하게 섞는 걸 좋아하는 내 입맛대로 만들어지고 있다.

어렸을 때 아프다고 꼼짝없이 누워 있던 엄마가 일어나서 자개농을 닦으면 다 나았다는 신호였다. 나는 아프다가 나으면 정원부터 나간다. 그리고 정원에 나가면 아프다가도 힘이 난다. 이럴 때 우리 할머니 같으면 분명 '백여시'라고 했을 것이다. 맞다. 가드닝은 '백여시'다. 내 혼을 쏙 빼앗아 간 백여시다. 대신 꿈과 용기와 희망을 가져다 주었다. 정원을 만든 이후 항상 '내년에는'이라는 말을 달고 다닌다. 내년에는 포기가 많이 커질 거야, 내년에는 땅이 더 좋아질 거야, 내년에는 담장을 넘길 만큼 줄기를 뻗을 거야! 그렇게 말한 '내년'이 몇 번 지나고 나면 훌쩍 늙어 있을 텐데. 그래도 내년에는 더 풍성해진 정원을 꿈꾸고, 더 우람해진 나무를 꿈꾸고, 더 건강하고 아름답게 피어난 꽃들을 만나는 순간을 꿈꾼다. 올해는 겨우내 매달렸던 댄 피어슨의 강의를 밑천 삼아 정형식*과 비정형식**을 섞은 새로운 정원을 꿈꾸고 있다.

또 한 번 도전하는 새로운 스타일의 정원에 건배!

'백여시' 같은 가드닝에도 건배!

---

\*   정형식 정원은 대칭이나 기하학적인 디자인 요소를 적용한 정원으로, 같은 식물의 반복적이고 규칙적인 식재, 각지게 깎은 생울타리, 직선의 정원 길 등을 특징으로 한다.
\*\*  비정형식 정원은 그라스, 관목, 초화류, 교목이 서로 무질서하지만 조화롭게 어우러지는 정원으로, 직선보다는 구불거리는 곡선 통로, 규칙성보다는 무질서한 식재 방식이 특징이다.

↑ 한 여름의 댄싱가든은 꽃멀미가 날만큼 꽃도 지천으로 피고, 또 그만큼 많은 그라스가 자라난다. 처음 피트 아우돌프의 책을 만났을 때 느꼈던 설렘에 점점 다가가면서 가끔은 그 설렘에 대견함까지 얹은 느낌이 든다.

↓ 찍박골정원을 방문하는 사람들은 '그라스가 많아서' 가을 풍경이 멋지다고 한다. 나는 '정원을 에워싸고 있는 산이 멋져서'라고 한다.

# 정원은 실패를 먹고 자란다

> 초보 정원사들이 거쳐 가는
> 공통된 실수

주변에 정원을 시작하는 사람들이 많아졌다. 일단 들어오면 발을 빼기 어렵다는 '화류계'(?)에 들어오는 사람들이 점점 늘어나는 건 반가운 일이다. 그런데 그들 역시 희한하리만큼 내가 거쳐 간 실패를 똑같이 겪고 있다. 모든 정원주가 거쳐 가는 통과의례 같은 것인가? 아니면 인간의 보편성 때문인가? 그런데 나만 겪는 실수가 아니라는 점에서 야릇한 위로를 느끼는 건 무슨 이유일까?

첫 번째 공통된 실수는 씨를 뿌린다는 점이다.
씨를 뿌리면 모네의 그림처럼 몽환적인 분위기의 꽃밭이 될 것 같았다. 이른 봄에 잡초들이 싹을 올리기 전에, 촘촘하게 씨를 뿌렸다. 서너 달 정도가 지나고 여름이 되자 조폭 같은 잡초들 속에서 시름시름 앓고 있는 꽃 두어 송이를 발견한 것으로 그 해의 꽃 농사는 끝이 났다. 아스팔트로 덮인 길에서만 살아 왔기 때문에 야생에서 벌어지는 잡초의 만행이 어느 정도인지를 몰랐던 것이다. 조폭 같은 잡초와 범생이 같은 꽃씨의 생태계를 모르고 무턱대고 씨만 뿌렸던 것이다. 쇠뜨기의 뿌리를 따라가면 지구 반대편이 나온다는 공포영화 같은 야생의 실체는 명아주, 엉겅퀴, 쑥, 민들레 등의 뿌리로 다시 한 번 팩트 체크를 하면서 알게 되었고, 적나라하게 그들의 질긴 생명력을 이해하게 되었다. 어떤 해에는 굴삭기로 버려져 있던 땅의 흙을 부드럽게 만들고, 씨를 뿌리고, 지푸라기를 덮고, 물도 주고, 풀도 뽑아 주었지만, 3년이 지났을 즈음에는 굴삭기로 떠내야 할 정도로 쑥, 토끼풀, 민들레, 루드베키아, 쇠뜨기 등의 뿌리들이 얽혀 있었다. 손으로도, 호미로도, 삽으로도 이 잡초의 뿌리들을 어찌할 수 없었다. 누가 상상이나 했겠나, 굴삭기로 풀을 뽑을 줄을. "우리나라에서는 씨까지 죽이는 제초제를 써서 잡초 3족을 멸해도 씨로는 정원을 못 만들어요"라던 화훼 전문가의 말이 생각났다.

20종 이상의 씨가 혼합된 종자상품을 뿌렸다. 한해살이풀과 여러해살이풀이 혼합되어 있어서 첫해에는 수레국화, 양귀비, 안개초 등의 꽃이 피었지만, 이듬해에 루드베키아, 샤스타데이지 같은 '쎈' 언니들과 더 '쎈' 잡초들 틈에서 이겨 내지 못하고 사라져 버렸다.

씨앗을 뿌렸던 곳은 교목과 관목 위주의 숲자락정원으로 리모델링했다. 바로 옆에 붙어 있는 숲과 단절되어 있는 느낌을 주지 않기 위해 숲에서 자라고 있는 돌배나무, 철쭉, 진달래, 두릅 등을 심어 산이 흘러내려 이어진 것처럼 조성해 나가고 있다. 숲이 만들어지면 주변에서 자라고 있는 속새, 고사리, 박새, 용담 등이 들어올 것이다. 그렇게 되기까지 얼마나 기다려야 할까? 이 숲정원의 콘셉트는 '천천히' 그리고 '기다림'이다.

두 번째 실수는 식물이 어른이 되었을 때의 크기를 모르고 심는다는 점이다.

'4도 3촌'을 시작한 지인의 집들이에 초대를 받았다. '4도 3촌'이란 4일은 도시에서 3일은 농촌에서 생활한다는 것을 압축한 표현이란다. 금요일부터 일요일까지는 시골생활을 즐기고 월요일이면 서울로 바로 출근하는 패턴이다. 휴식을 위한 집답게 널찍한 전망 창 안으로 겹겹이 쌓인 산줄기와 아득하게 보이는 설악산 전경을 들였다. 가슴을 탁 트이게 해 주는 풍경을 안고 있는 집이었다. 계속 식물을 심으면서 정원을 만들어 가고 있는 중이라면서 집을 한 바퀴 돌며 구경을 시켜 주었다. 벌써 20여 그루 남짓 되는 나무들을 심었고, 폭이 2미터쯤 되는 경사진 곳에는 개나리를 여섯 그루를 심고, 신문지 한 장 정도 되는 나무 그늘에는 아주가*Ajuga reptans*를 30개 정도, 이미 성목으로 자란 로키향나무 '블루 엔젤'*Juniperus scopulorum 'Blue Angel'*은 서로 붙을 만큼의 간격으로 세 그루를 심어 놓았다. 전체적으로 식재 공간에 비해 식물의 수가 너무 많아 보였다. 개나리 한 그루가 폭 2미터까지 자란다는 사실을 알았다면 2미터에 여섯 그루나 심었을까?

나도 마찬가지였다. 처음 네페타 '워커스 로'를 심고 이듬해까지는 내 선택에 박수를 치면서 감동했지만, 3년 차가 되던 해에 폭이 1미터까지 폭풍 성장을 해서 함께 살아가야 할 패랭이꽃*Dianthus chinensis*과 펜스테몬*Penstemon*이 찌그러져서 피기도 하고 아예 없어져 버리는

---

3년 차 네페타를 정원에서 뽑아내 집으로 올라오는 진입로에 심어 주었다. 뽑아내면서 관목 같은 뿌리에 깜짝 놀랐고, 옮겨 심으면서 너무 많은 개체 수에 또 한 번 놀랐다.

바람에 나무뿌리 같은 네페타를 모조리 뽑아냈던 경험이 있다. 그 네페타는 지금 60미터가 넘는 개울정원에서 원추리와 함께 자라며 봄마다 멋진 볼거리를 제공해 주고 있다. 그 많은 네페타가 약 15제곱미터 규모의 정원에서 나온 수량이었다.

세 번째 실수는 일단 심고 본다는 점이다.
이건 아마도 우리나라에 정원문화가 무르익지 않았기 때문일 것이다. 정원을 만들기 전에 정원 이용 목적과 투자할 수 있는 노동의 시간, 원하는 정원의 스타일 등 정원 조성과 운영에 관한 계획을 세우지 않고 시작하는 사람이 대부분이다. 조성하고자 하는 정원이 주말주택용인지, 바비큐를 해 먹으면서 지인들과 즐거운 시간을 보내기 위해서인지, 혼자 조용하게 휴식하고 싶은 쉼터인지, 손주들이 뛰어놀 잔디밭과 모래터가 필요한 공간인지, 텃밭 채소를 키우기 위해서인지, 그리고 상주하는 곳인지, 1주일에 몇 시간이나 가드닝에 투자할 수 있는지 등 고려해야 하는 사항들이 사전에 계획되지 않았기 때문에 해가 갈수록 정원도 혼란스러워지고, 정원주도 손을 쓸 수 없는 상태가 되는 것이다. 또 다른 지인도 처음에는 마당 가운데에 잔디밭을 두고 울타리를 따라 조그맣게 정원을 만들었다. 하지만 시간이 갈수록 식사공간을 만들고, 정원도 점점 넓히고, 수水공간도 조성하면서 잔디밭이 없어졌다. "집을 파낼 수 없으니까 잔디를 파낼 수 밖에요!"

네 번째, 가장 중요한 흙에 비용과 시간을 쓰지 않는다는 점이다.
농사용으로 쓸 연못을 만들고, 석축에 자꾸 풀이 올라와서 가려 보자고 돌가시나무누운찔레, *Rosa lucieae*를 심었다. 개나리처럼 아래쪽으로 축축 늘어지면서 자라는 찔레꽃이다. 석축 위쪽에 심은 찔레꽃은 자라지도 못하고, 처음 심었을 때나 별로 다르지 않은 모습으로 몇 년간 살고 있었다. 시간이 많이 흐르고야 자라지 못한 이유를 알았다. 석축 위쪽에는 흙이 많지 않았던 것이다. 흙 속에서 살아야 하는 식물을 돌밭에다 심어 놓은 꼴이었다.

정원에 식물을 식재할 때, 가장 중요한 부분 중 하나가 흙을 만드는 일이다. 잡풀을 모두 걷어 내고, 배수를 개선하고, 유기물 퇴비를 섞어서 흙을 만들면 정원 일의 90퍼센트가 끝나는 셈이다. 정원 조성 계획도 없고, 경계도 없고, 흙에 관한 준비도 없이 일단 심는 일부터 시작하면 분명 갈아엎고 싶은 정원이 된다. 협박이 아니라 불행하게도 많은 정원 주인의 경우가 이렇다. 맛집에서 대기표를 받고 기다리는 것처럼 무수히 많은 시행착오가 줄줄이 기다리고 있을 것이다.

그러고 보니 또 돌밭이나 다름없는 곳에 관목을 심은 적이 있다. 항상 활엽수 울타리가 갖고 싶었다. 침엽수처럼 1년 내내 빽빽한 울타리 말고, 여름에는 이파리로 빽빽 했다가 낙엽이 지고 겨울이 되면 이파리를 떨군 가지만 남아 시스루 천처럼 속이 들여다보이는 울타리 말이다. 경사지 끄트머리에 낮은 석축을 쌓고 석축 위로 생울타리를 만들기 위해 쥐똥나무를 심었다. 그런데 큰 비가 내리거나 장마 때가 되면 경사지의 고운 흙이 밀려와 항상 석축 아래쪽에 토사가 수북하게 쌓여 있었다. 고운 흙은 쓸려 내려가고 자갈만 남는 곳이 된 것이다. 또 흙이 부족해서 쥐똥나무가 못 자라고 있었다. 그래서 석축을 다시 쌓았다. 돌 사이사이에 모르타르mortar, 회나 시멘트에 모래를 섞고 물로 갠 것를 집어 넣어서 물이 덜 새어 나가도록, 그래서 흙을

찍박골정원

며느리의 신부 대기실로 사용했던 유리 온실은 설악산 중청봉을 마주하고 있다. 온실 아래에는 씨를 뿌린 경사지가 있었는데, 2022년에 숲자락정원으로 다시 리모델링해서 자리를 잡아가고 있다.

ⓒ행복이 가득한 집 by 박찬우

좀 붙잡아 둘 수 있게 공사를 다시 했다. 그 해에 처음으로 쥐똥나무의 쥐똥 같은 열매를 보았다. 드디어 자라기 시작한 것이다.

세상의 모든 일이 그러하듯 정원도 실패를 먹고 자란다. 수도 없는 시행착오를 하지만 그것 때문에 실망을 하거나 좌절하지는 않는다. 왜냐면 정원은 다시 시작할 수 있는 기회를 매년 주기 때문이다.
재미나게 실패하고 '황홀하게' 정원을 꿈꾸자!

↑ 쥐똥나무 열매는 영락없는 머루다. 머루의 미니어처 같다. 흙도 없는 석축 위에서 크지도 못하고 몇 년 동안 버티다가 흙이 빠져나가지 못하게 석축을 새로 쌓자마자 부쩍 자라기 시작했다.

---

→ (시계 방향으로) 씨를 뿌렸던 첫해 꽃을 피운 한해살이 식물들. 다음 해에 피어난 루드베키아의 꽃. 2022년에 다시 조성한 숲자락정원. 굴삭기로 잡풀들을 떠내고 있는 모습.

# 정원은
# 가을에 시작한다

| 가을에 준비하면
| 내년이 수월진다

음력 설 이후부터 식물 쇼핑을 시작해서 가을까지 1년 내내 새로운 식물들을 심었다. 인터넷은 물론, 양재 꽃시장, 하남 꽃시장, 과천 꽃시장은 평생을 길치로 살아 온 나에게 내비게이션이 없이도 찾아갈 수 있는 '최애' 장소가 되었다.

'10년 후에도 이만한 열정이 있을까?' 싶어서 사고, '시골에 오고 나서는 화장품 안 사잖아!' 해서 또 사고, '이런 품종은 만났을 때 사야 돼!'라는 이유로 사고, '7월 정원은 흰색이 부족해!' 이러면서 식물을 사들였다. 치매를 걱정해야 하는 평소와는 달리 식물을 살 때만큼은 이런저런 창의적인 이유가 깊은 산속의 귀한 온천수처럼 솟아났다.

봄 정원을 보면서 내년 봄 정원을 구상하고, 여름 정원을 보면서 내년 여름 식물을 준비했다. 그러다 보니 1년 내내 식물을 사야 하고, 1년 내내 내년을 위한 식물을 심어야 하고, 1년 내내 문제가 되는 식물을 뽑아 주어야 해서 정원이 멀쩡한 날이 별로 없었다. 그런데 아무리 큰 화분 속에 있는 식물을 사다 심어도 정원에서 겨울을 넘긴 식물과는 비교가 되지 않았다. 화분 속의 식물들은 '자랐다'라기보다 '양육되었다'는 표현이 적절할 것이다. 물도 알아서 공급되고, 때가 되면 먹을 것도 들어오고, 햇빛이 필요해도, 그늘이 필요해도,

붕어빵보다도 작은 크기의 모종으로 시작한 좀새풀 '픽시 파운틴'이 몇 년 동안 아주 많이 자라서 솎아 냈다. 봄부터 안개가 낀 듯 몽환적인 분위기를 만들어 주는 확실한 '신 스틸러'지만, 과유불급이라.

이제는 강원도 산골에서도 클릭 몇 번으로 원하는 식물을 척척 받을 수 있지만, 수형이 이미 잡힌 나무들은 반드시 매장에서 눈으로 확인하고 직접 고른 후에 배송을 받는다. 가을은 가을대로 정원 일이 있고, 봄은 봄대로 또 다른 정원 일이 있지만, '일맛'이 다르다. 봄! 역시 쇼핑은 즐겁다.

가을이면 구근도 심고, 포기도 나누어 주고, 풀도 뽑고, 추위에 약한 아이들에게 낙엽이불도 덮어 준다. 하지만 개울정원은 아무 것도 해 줄 것이 없다.

보온이 필요해도, 뭐든 필요하면 알아서 척척 제공되었기 때문에 화분 식물을 심은 해에는 땅에 적응하는 시기 정도로 생각하고 만족해야 한다. 금년에 심었다고 해서 금방 사진 속 식물처럼 풍성하게 꽃이 피거나 우아한 맵시가 나지 않는다.

뿌리가 땅에 온전히 적응해서 겨울을 넘긴 식물들은 잘 숙성된 막걸리처럼 제대로 된 '맛'이 난다. 꽃도 풍성하고, 줄기도 탄탄하고, 성장하는 속도도 빠르다. 가능하면 가을에 식물들을 교체하는 걸로 작전을 바꾸었다. 그래서 정원은 가을에 시작하기로 했다. 점 찍어 둔 식물도 심고, 포기할 식물은 뽑아내고, 나누어 줄 식물도 가을에 분주포기 나누기, 뿌리에서 난 여러 개의 움을 뿌리와 함께 갈라 나누어 따로 옮겨 심는 방법를 한다. 나무 전지도 하고 풀도 뽑아 준다. 가을 풀매기는 돌아서기가 무섭게 또 풀이 왕성하게 올라오는 여름과는 다르다. 이렇게 하면 내년 봄이 수월해진다. 봄이 수월해지면 여름을 준비할 여유가 생기고, 여름을 잘 넘기면 성숙하게 나이든 품위 있는 가을 정원을 맞이할 수가 있다. 그러다 보니 1년 내내 사고, 심고, 바꾸는 일의 횟수가 많이 줄어들었다. 정원이 비어 있는 곳에는 내년에 있어야 할 식물을 심지 않고 맨드라미*Celosia*, 다알리아*Dahlia*, 가우라바늘꽃, *Gaura lindheimeri*처럼 가을까지 자리를 지켜 주는 한해살이풀로 메워 준다. 한해살이풀은 심은 해에 성장해서 그 해에 멋진 모습을 보여 준다. 그해에 싹을 틔우고 성장해서 꽃도 피우고 씨를 맺고 생을 마감하는 식물이기 때문이다.

시도 때도 없이 1년 내내 '심고 뽑기'만 했던 불꽃 같은 가드닝이 제법 차분해지고 이성적인 가드닝으로 성숙해 가고 있다. 생각해 보면 1년 내내 식물을 사서 심었던 이유는 내가 식물을 많이 모르기

가을에는 그라스만으로도 멋이 난다. 바늘꽃처럼 가을로 갈수록 풍성해지는 한해살이풀 하나만 곁들여도 멋짐이 차고도 넘친다.

빨간 꽃을 피우는 맨드라미를 좋아한다. 촛불 모양도 좋고, 닭 볏 모양도 좋다. 그래서 가을이면 반드시 씨를 받아 둔다.

그라스도 가을이면 씨송이를 잘라 내야 한다. 실새풀, 수크령, 좀새풀 등이 제법 자연발아를 잘한다.

때문이기도 하고 빨리 완성된 정원을 보고 싶다는 성급함 때문이기도 했다. 사진에 홀려서 심거나, 내 정원에 필요한 식물이라 판단해서 심은 식물이지만 막상 키워 보니 월동하지 못해서, 꽃이 질 때 너무 지저분해서, 잘 쓰러져서, 번식력이 너무 좋은 아이라서, 정원에 비해 덩치가 너무 큰 아이라서 등 이런저런 바꿔야 할 이유가 천 가지 만 가지다. 그러면 또 빼내고, 또 심고, 이런 일들이 계속 반복되는 것이다.

'내년 정원은 올해 가을에 시작한다'라는 말은 나에게 많은 의미가 있다. 식물 관련 지식도 제법 축적되었고, 정원의 사계절이 어떻게 순환하는지를 인지하게 되었으며, 화려한 꽃들이 순간순간 보내는 유혹을 뿌리칠 수 있을 만큼 내공이 쌓였고, 지금 당장 바꾸지 않아도 좋을 만큼 정원이 성숙했다는 의미가 포함되어 있다.

10년이 지나니 정원을 향한 내 눈의 콩깍지가 벗겨지고 있다. 귀한 시간 속에서 수많은 실패를 겪고 얻은 대가로 가드닝에 관한 필요한 지식이 좀 쌓였고, 정원에서 풍파를 경험하고 이겨 낸 흔적만큼 능숙한 방법을 터득했기 때문이리라. 이제는 봄이 오는 소리에 호들갑 떨지 않고, 강풍에 꽃이 꺾여도 요란 떨지 않는다. 때가 되었으니 새싹이 나올 것이고, 꺾인 꽃은 세워 주면 또 자란다. 서두르지 않고, 부산스럽지 않게 마주하는 정원. 이 담담함이 참 좋다.

그럼에도 불구하고 우리 집 풍산개 '곰탱이'가 정원에 들어갈 기미가 보이면 허겁지겁 신발도 못 신고 뛰쳐나가기는 한다.

정원의 가을 모습을 보면서 쓸쓸함을 느낄 겨를도 없이 내년을 준비한다. 씨를 받고, 다알리아의 알뿌리를 캐고, 튤립·수선화·알리움의 구근을 심고, '찜'해 두었던 식물을 심고, 정원의 마른 꽃들을 모두 잘라 낸다. 땅이 얼어 호미가 안 들어갈 때까지 가을은 가을대로 분주하다. 하지만 가을 가드닝은 봄의 환희도 여름의 치열함도 아니다. 느린 넉넉함이다. 가을의 '일맛'이 가장 좋다. 더 적당한 표현이 있을까? 그냥 '좋다'.

# 겨울 정원에
# 변덕을 부리는 중

| 겨울 정원에는
| 어떤 아름다움이 담겨야 할까

시나브로 정원을 알아 가면서 겨울 정원이라는 이름에서 놀라고, 겨울 정원 사진에 또 한 번 놀랐다. 얼마나 정원에 진심이면 겨울에도 정원을 즐기겠다는 발칙한 상상을 할 수 있을까? 감탄과 경이로움과 존경의 마음이 절로 솟는다. 더욱 존경스러운 것은 말라비틀어진 줄기와 이파리에서 아름다움을 발견하는 따뜻한 시선과 자연을 향한 존중의 마음이었다. 자연을 진심으로 깊이 사랑하지 않고는 찾아낼 수 없는 아름다움의 극치라고 생각했다. 자연의 속살, 변화하는 자연의 얼굴, 자연 그 자체를 사랑하지 않으면 이런 따뜻한 시선을 가질 수 있을까?

어느 날 고등학생 조카가 놀러 와서 찍박골정원 구석구석을 돌아다니며 찍은 사진을 보여 주었다. 나는 한 번도 찍어 본 적이 없는 하늘과 구름과 산 사진을 잔뜩 찍어 놓았다. 그러고는 시시각각으로 변하는 산이 너무 아름답다고 했다. 내 눈에는 알록달록한 꽃밖에 안 보이는데, 그래서 내 카메라에는 꽃 사진만 잔뜩 있는데, 하늘이 아름답고, 구름이 아름답고, 산이 변한다고 했다. 아이가 지닌 자연을 보는 심미안이 부러웠다.

그들만큼 자연에 대한 깊은 애정은 없지만 정원에 진심인 나는 겨울 정원을 만들겠다며, 봄에 피는 살비아부터 가을에 꽃이 피는 아스터

찍박골정원

겨울 정원에 변덕을 부리는 중

찍박골정원

까지 시든 씨송이를 그대로 남겨 두었다. 쓰러진 가지들은 잘라 내고, 너무 빽빽한 곳은 솎아서 공간도 적당하게 남겨 두고, 풀도 정리를 하고 나자 제법 겨울 정원의 모양새를 갖추게 되었다. 마른 가지들 위로 서리가 내리고, 까만 에키나시아 씨송이에도 첫눈이 내려앉고, 말라 가는 꽃사과를 먹겠다고 찍박새가 떼를 지어 모여들었다.

'아~ 이게 겨울 정원의 맛이구나!'

그러다가 1월 어느 날에 눈이 제법 많이 내렸다. 마른 줄기들이 꺾이고 쓰러졌다. 또 한 번 눈이 내린 날, 쌓인 눈 위로 반짝 햇살이 비치자 눈이 녹으면서 무거워진 습설濕雪, 습기를 머금은 눈을 이기지 못하고 남은 식물이 모조리 주저앉았다. 덩치 큰 그라스는 자그마한 초가집 한 채가 쓰러져 있는 것 같았다. 눈 온 뒤 정원은 뒷산에 아무렇게나 방치된 숲속의 풀밭이나 다름없었다. 차라리 싹둑 잘라 버렸으면 깔끔하게 겨울을 날 수 있었을 텐데, 눈에 풀썩 주저앉은 정원을 겨우내 바라보아야 했다.

이 겨울 정원은 또 다른 골칫거리를 만들어 주었다. 겨울이 지나고 봄이 되어 쓰러진 식물들을 걷어 내고 다시 새로운 한 해의 정원을 시작할 무렵, 잔디보다 먼저 푸릇푸릇 올라오는 새싹들이 마치 사춘기 남학생 얼굴에 빈틈없이 들어찬 여드름처럼 빠글거렸다. 씨송이로부터 떨어진 씨들이 겨울을 넘기고 발아하기 시작한 것이었다. 이만한 잡초가 또 있을까? 두 번, 세 번, 계속 뽑아내도 끝이 없었다. 품고 싶은 식물은 애간장을 태워도 안 올라오는데, 이 아이들은 어떻게든 기를 쓰고 올라와서 계속해서 푸른 풀밭을 만들었다.

이런저런 이유로 나에게 더 이상의 겨울 정원은 없다. 단호하게 겨울은 쉬는 계절이라 생각했다. 그래서 작년 첫 서리가 내리자마자

이사 올 때부터 동네 어르신들은 이곳을 '찍박골'이라 불렀다. 직박구리가 많아 붙은 이름이 란다. 이 아이는 쌀보다 고기보다 사과를 좋아한다. 2~3일만에 사과 한 알을 먹어 치우기도 한다. 나에게 직박구리는 꽃이 사라진 정원에 꽃 대신 찾아와 주는 '짝사랑 친구'다. 저 친구 는 내가 누구인 줄 알까? 내가 얼마나 자기를 좋아하는 줄 알까?

정원의 모든 식물을 잘라 냈다. 그러나 막상 잘라 내고 나자 마치, 입대를 앞두고 머리를 빡빡 밀어 버린 아들을 보는 것처럼 서먹했다. 풍성했던 정원이 어느 날 갑자기 삭발을 해 버리자 은근 정원을 좋아하는 남편이 넌지시 휑하다고 한마디 했다. '강원도 추운 산골에서 겨울을 얼마나 즐기겠다고 겨울 정원을?'이라고는 했지만, 텅 빈 정원은 내 눈에도 쓸쓸해 보였다. 그래서 남편이 자주 다니는 길 쪽으로 겨울 볼거리를 만들어 볼까 고민 중이다.

겨울 정원을 만들어 보고 실패한 후에 몇 년을 지켜보니, 겨울 정원에는 어떤 아름다움이 담겨야 하는지 알 것 같았다. 마른 초화류가 아닌 목본류, 교목류, 오브제, 조각, 시설물, 상록수, 생울타리 등 건축처럼 형태가 탄탄한 것들이 볼거리를 제공해 주어야 한다. 예를 들면, 마른 장미꽃이 매달려 있는 아치, 색 바랜 담쟁이 단풍이 달라붙은 돌담 울타리, 닭이 들락거리는 예쁜 닭장, 비바람에 낡아 가는 벤치, 정자, 농기구가 장식처럼 매달려 있는 셰드shed, 작은 헛간이나 창고 같은 시설물이나 사철나무·쥐똥나무로 만든 생울타리, 백당나무나 산사나무 같은 나무의 열매들, 측백나무나 주목 같은 상록수, 나무수국의 마른 꽃, 교목과 관목 등 눈에 쓰러지지 않고 버틸 수 있는 근사한 수형의 아이들이어야 한다고 생각했다.

세계적인 정원가 댄 피어슨Dan Pearson은 "정원에는 끝이 없다. 항상 A에서 B로 변화하는 과정만 있다"고 말했다. 하지만 내 정원은 항상 A다. B였다가도 다시 A다. 그리고 앞으로도 A일 것이다. 그래서 절대 안 한다고 했던 겨울 정원을 다시 고민하고 있다.

조생·중생·만생종,
귤이 아니라
튤립 이야기

> 품종에 따라
> 개화 시기가 다르다

학창 시절 내가 살던 지방의 중소도시에서 전국체전이 열렸다. 담임선생님의 뒤통수를 향해 나란히 서서 응원하러 가는 날이었다. 그날 경기가 어땠는지, 어떤 경기를 봤는지는 전혀 생각이 나지 않지만, 지금까지 내 머릿속에 남아 있는 그 날의 전국체전은 입구에 세워진 노란색과 자주색 국화꽃이 회오리처럼 올라가는 꽃탑이었다. 그런데 몇 해 전에 지자체에서 열리는 가을꽃대전에서도 똑같은 꽃탑을 만났다. '난감허네~.'

나는 피트 아우돌프가 돌풍을 일으킨 자연주의 식재 스타일을 좋아한다. 그래서 빨강, 노랑, 보라 꽃이 색깔별로 줄을 맞추어 식재된 튤립을 보고 매력을 느껴 본 적이 없었다. 나는 차라리 가을이 푹 익을 무렵 뒷산에 조심스럽게 숨어서 핀 용담*Gentiana scabra*이 아름답고, 겁도 없이 수십 년이나 된 할아버지뻘 되는 소나무를 기어 올라가는 송담*Hedera rhombea*이 감동적이고, 현호색*Corydalis remota*의 보라색 꽃이 끼리끼리 모여서 소근 대는 것 같은 뒷동산의 풍경이 더 좋다.

튤립은 꽃이 지고 난 후 뽑아서 보관하나 땅속에 그대로 두나 다음 해에 개화하는 비율은 마찬가지인 것 같다. 몇 년 전에 심었는지도 모르는 보라색 튤립 서너 개가 함께 피어났다.

조생·중생·만생종, 귤이 아니라 튤립 이야기

그래서 이른 봄 수선화*Narcissus*도 튤립*Tulipa*도 브루네라*Brunnera*도 아무렇게나 피어나도록 심는 걸 좋아한다. 서너 개가 무리 지어 있어도 좋고, 30~40개가 모여 있어도 좋고, 하나가 달랑 떨어져서 피어 있어도 좋다. 산중의 물매화*Parnassia palustris*는 멀리서 보면 물매화 군락지처럼 보이지만 가만 들여다 보면 작은 무더기로 모여 있기도 하고, 큰 무더기로 모여 있기도 하고, 때로는 하나가 뚝 떨어져서 꽃을 피우기도 한다. 이렇게 모여 있는 듯 흩어져 있는 듯 자연스러운 모습의 숲속 같은 튤립 화단을 만들고 싶었다.

튤립은 이른 봄에 피어나는 가장 화려한 꽃이 아니던가! 그래서 흰색, 분홍색, 보라색 튤립을 섞어 심었다. 가장 화사하면서, 가장 로맨틱한 조합이라 생각했다. 그런데 흰색이 올라오지 않았다. 분홍색과 보라색 꽃만 피었다. 그러다 보니 꽃도 부족하고, 색깔도 좀 단조로워 보였다. 그러다가 튤립이 시들해지고, 살비아와 매발톱*Aquilegia buergeriana*의 꽃이 피어날 즈음에 흰 튤립이 듬성듬성 피어났다. 늦잠을 자서 지각인 줄 알면서도 세상 여유로운 초등학생처럼 해맑게 피었다. 로맨틱하지도 않고 풍성하지도 않은 튤립 시즌을 보냈다.

몇 년이 흐르고 나서야 튤립도 조생·중생·만생종이 있다는 사실을 알았다. 귤도 아니고 사과도 아니면서 그렇단다. 내가 섞어 심었던 세 가지 중 흰색이 만생종이었던 것이다. 그래서 다음 해부터는 중생종 튤립만 섞었다. 그러나 어떤 품종이 중생인지, 만생인지를 아는 데까지 적지 않은 수고가 필요했다. 한두 해가 지났을 때, 튤립에 파란색 브루네라를 섞고 싶었다. 그런데 혹시 튤립이 다 지고 나서 피면 어쩌지? 이베리스*Iberis*를 섞고 싶어도 튤립과 개화 시기가 같을까? 알리움*Allium*을 섞어서 심고 싶어도 함께 피어 줄까? 산 너머 산이

브루네라 마크로필라 '잭 프로스트'*Brunnera macrophylla* 'Jack Frost'는 꽃만 보면 딱 물망초다. 튤립뿐만 아니라 수선화와도 찰떡궁합이다. 꽃도 오래 가지만 꽃 없이 이파리만으로도 훌륭한 관상식물이 된다. 하지만 아쉽게도 이 아이에게 찍박골의 겨울은 좀 혹독하다. 겹겹이 쌓인 낙엽과 하얀 눈이 솜이불처럼 몸을 덮어 주는 따뜻한 겨울을 지나야 행복한 얼굴로 꽃을 내어 준다.

알리움*Allium* 중에서 이르게 꽃이 피는 '퍼플 센세이션*Purple Sensation*' 품종이다. 나는 일찍 피는 꽃이라면 자다가도 벌떡 일어날 만큼 이른 봄꽃에 집착이 강하다. 봄이 늦게 찾아오는 깊은 산골에 살고 있기 때문이리라. 보라색 꽃은 경우에 따라 땅의 색에 묻혀 버리기 쉬운데, 이 알리움의 보라색은 존재감이 상당하다.

원종 무스카리는 조생종 튤립과, 꽃잔디나 금낭화는 중생종 튤립과, 매발톱은 만생종 튤립과 개화 시기가 맞다.

다. 그리고 산을 하나 넘을 때마다 호랑이가 도사리고 있는 것 같다. '떡 하나 주면 안 잡아먹지!' 몇 번을 넘고 보니 '에이, 잡아먹어라! 잡아먹히고 또 심을란다!' 이러니 매년 실패를 안 할 길이 없다.

그러나 매년 실패를 해도 또 내년에는 뭘 섞어서 심을까, 희망과 기대를 져 버릴 수가 없다. 가드닝이 좋은 이유다. 항상 희망과 미래가 있다. 이 나이에 이렇게 열정적으로 내년을 기다리게 하는 일이 또 있을까? 술이 이만할까! 여행이 이만할까! 골프가 이만할까!

튤립이 매년 심어 주어야 하는 아이라면, 수선화는 매년 포기를 키워 가는 여러해살이 구근 식물이다. 색깔이 다양하지 않은 게 흠이지만 튤립이나 물망초, 무스카리 등과 섞어서 보완하면 좋다.

# 큰 나무를 옮기는
# 어리석음에
# 관하여

| 욕심을 버리고
| 작은 나무부터

쯱박골정원은 원래 염소를 방목하던 곳이었다. 골짜기인데도 제법 넓은 벌판에서 염소들이 한가로이 풀을 뜯고, 해가 뉘엿뉘엿 저물 때면 독일산 셰퍼드가 염소를 몰아 우리로 들어가는 그림 같은 곳이었다. 염소가 사라진 빈 언덕배기에 알프스 소녀 하이디가 치마를 펄럭거리며 뱅글뱅글 돌고 있을 것 같은 풍경이었다. 평화롭기 그지없는 광경이지만 염소는 나무에게 그다지 평화로운 존재가 아니었다. 나무껍질을 먹고 사는 염소 덕분에 이 땅에는 나무가 남아 있지를 않았다. 그래서 항상 큰 나무들이 그리웠다.

여름 쯱박골정원의 골짜기는 그늘이 없는 곳은 내리쬐는 투명한 땡볕에 살갗이 타들어 갈 것 같은 곳이지만, 그늘 속으로만 들어가면 시원한 상쾌함을 느낄 수 있는 곳이기도 하다. 뜨거운 햇볕, 나무 그늘, 개울가에서 들리는 물소리는 홍어 삼합처럼 합이 잘 맞아 떨어지는 여름의 요소인데, 쯱박골정원은 가장 중요한 그늘이 없다는 게 문제였다. 홍어 삼합에 홍어가 빠진 격이었다. 편리함으로만 보자면 그늘을 위한 정자를 만드는 편이 낫겠지만, 정자는 나무가 주는 웅장함과 숙연함이 없지 않은가?

그동안에는 꽃에 혼이 빠져 나무는 안중에도 없다가 꽃을 향한 갈

증이 좀 가셨는지, 몇 해 전부터는 나무가 눈에 들어오기 시작했다. 어느 해 가을, 지인으로부터 지름이 두 아름이나 되는 느티나무 두 그루를 가져가라는 제안을 받고 큰 나무를 옮기는 대장정을 시작했다. 이틀 동안 굴취掘取, 수목을 캐내어 채취하는 일를 하고, 300킬로미터 넘는 거리를 이동했으며, 굴삭기에 크레인까지 동원하고, 전문 인력 네 명이 투입되어 식재를 했다. 느티나무는 엄청난 여정을 마친 끝에 우리 집 식구가 되었다. 하지만 이승기 씨와 아이들이 뛰놀았던 〈리틀 포레스트〉SBS 2019년 8월 방영의 잔디밭이 모두 망가졌고, 그 대단한 나무의 가지들은 거의 잘려 나갔다. 첫 번째 나무를 식재하려고 땅을 판 곳에 물이 고여 있어서 다시 자리를 옮겨 주기도 했다. 어찌어찌해서 두 아름 정도 되는 느티나무 두 그루를 옮겨 심는 일이 끝났다. 다행히도 남쪽에서 올라온 나무들은 강원도 추위에도 모두 겨울을 무사히 넘겼다. 그러나 물이 고여 있어 자리를 이동한 나무는 또 물이 고이는 곳에 자리를 잡은 모양이었다. 반쪽이 시름시름 앓고 있었다. 그렇게 3년이 지난 후에 다시 자리를 옮겨 주었다. 옮길 때 보니 새 뿌리가 거의 나오지 않았다. 이 아이는 물이 많은 습한 땅에서 몇 년간 살아보겠다고 씨름을 하고 있었던 것이다. 한편 자리를 잘 잡은 다른 한 나무는 매년 쌩쌩한 이파리를 내며 잘 자라 주었다. 문제는 먼 길을 이동하기 위해 잘라 낸 가지들 때문에 이 큰 나무의 이파리가 마치 얼굴이 주먹만 한 수퍼모델같이 변했다는 것이다. 지름이 두 아름 정도, 키가 10여 미터를 훌쩍 넘는 나무라면 그늘이 족히 10여 미터 정도가 되어야 할 텐데, 이동하면서 아래쪽 가지들을 잘라 버려 지하고枝下高, 수관 이하의 가지가 없는 수간의 길이가 너무 높아져 버렸다. 야구 모자 하나 덜렁 얹고 휘청휘청

런웨이를 걸어가는 '멀대' 같은 수퍼모델이었다. 대형버스들이 지나다니는 대로변 가로수처럼 꼭대기에만 이파리가 있었다. 그래서 그늘 찾기가 마치 그림자놀이 하는 것 같았다. 주먹만 한 그림자를 찾아다니는 모양새가 좀 구차스럽다는 생각이 들면서 마음이 상했다. 이 큰 나무를 옮기고 이리 구차하게 그늘을 찾아다녀야 하나?

그래서 결국, 이른 봄에 두절頭絶이라는 걸 했다. 키를 줄이고 가지를 다시 넓게 키우기 위해 나무 상부를 잘라 내는 일이다. 300킬로미터가 넘는 장대한 여정을 마친 느티나무는 결국 '닭발나무'가 되고 말았다. 잘한 일일까? 안 잘랐어야 했나? 댕강 잘린 나무를 볼 때마다 혼란스러웠다. 날씨가 따뜻해지면서 그 닭발에서는 나뭇잎이 씩씩하게 올라와서 마치 미용실에 막 다녀온 맵시 있는 푸들의 다리 같았다. 뿌리는 그대로 놔두고 상부를 잘랐으니 그 세력이 얼마나 치고 올라올까? 푸들의 다리는 하루가 다르게 무성해져 갔다.

큰 나무를 옮겨 심는 건 어리석은 인간의 욕심이라는 어느 분의 충고가 떠올랐다. 3~4년 된 어린나무를 심었으면 지금쯤 잘생긴 청년나무로 자라 있을 것이다. 특히나 느티나무는 속성수여서 3~4년만 키워도 훌륭한 그늘을 만들어 주는 나무가 되었을 텐데. 그 좋은 나무를 닭발로 만들어 버린 나의 어리석음이 후회스러웠다.

몇 해 전에 나무를 유통하는 시공사의 제안으로 손가락 굵기만 한 한 살짜리 자작나무 100그루를 심었다. 심란하기 짝이 없었다. 저게 언제 나무 구실을 하지? 나무는 보이지 않고, 지주대만 보이는 그런 자작나무들이었다. 당시에는 큰 나무를 심지 못했다는 아쉬움만 마음속에 가득했다. 큰 키 때문에 자꾸 쓰러지는 나무들을 위해 지지대도 바꿔 주고, 때가 되면 물도 주고, 거름도 주고, 바닥에는

두절하고 이듬해가 되자 나무의 반발 세력이 시위하듯 뿜어져 나와서는 마치 수양버들처럼 축축 늘어져 있다. 뿌리는 가만 두고 줄기를 모두 잘라 냈으니 그 수세가 어련할까! 내년 이른 봄에는 다시 한 번 줄기를 솎아 내 주어야겠다.

풀 잔디도 깔아 주고, 전지도 해 주었다. 남편의 정성으로 그 하찮아 보였던 자작나무가 4년이 지난 지금은 제법 그늘을 드리우고, 노란 단풍으로 가을 멋도 부릴 줄 아는 작은 숲이 되어 가고 있다.

이 작은 숲의 더 큰 의미는 우리와 함께 숲의 삶을 시작하고, 자라고, 역사를 함께 만들어 가면서 우리 인생의 일부가 되어 가고 있다는 점이다. 욕심으로 만들어진 장소가 아니라, 시간과 관심과 우리만의 이야기로 만들어진 숲이 되어 가고 있다. 우리가 떠나고 없을 때에도, 이 자작나무 숲에서 우리 아이들은 모임을 하고, 더운 여름날 그늘 아래에서 꾸벅꾸벅 졸음을 즐기고, 우리 손주들은 결혼식을 올리는 스토리를 쌓아 갈 것이다.

또 가을이 오고 있다. 올가을에는 욕심 없이 서너 살 된 튼실한 나무를 심고 싶다. 30년에 걸쳐 황무지 마을을 1만 명이 사는 희망의 마을로 만든 《나무를 심은 사람》의 양치기 노인처럼 도토리를 심는 현자의 혜안까지 바라는 것은 주제넘은 욕심이겠으나, 수십 년 된 나무를 옮기는 어리석은 짓은 다시 하지 않기를. 그런 겸손과 지혜를 가진 할머니로 늙어 가기를.

둘째 아들의 결혼식을 찍박골정원에서 치렀다. 숙근초의 꽃이 피기 시작하는 6월 초임에도 불구하고 파라솔로는 가릴 수 없는 햇볕 때문에 많이 더웠다. 그래서 막내가 결혼할 때는 숲속의 시원한 그늘에서 행사를 치르고 싶다. 자작나무 껍질을 의미하는 '화촉'이라는 단어가 좋아 손가락 두께의 자작나무 100그루를 심어 숲을 만들기 시작했다. 이제는 결혼식을 해도 좋을 만큼 나무가 컸는데, 막내는 결혼식 대신 파티를 하고 싶단다. 부친 살해의 그리스신화가 생각났다. 이건 '배반'이야!

찍박골정원

← 2020년 개울정원을 조성할 때, 시공사였던 '일곱 계절의 정원' 대표님이 새롭게 발견한 귀룽나무다. 찍박골에서 살고 있던 유일한 나무였는데, 우리는 이름도 모르고 지나다녔다. 봄이면 거미줄 같은 병충해가 생겨 꽃도 제대로 못 피우고 잡초밭 같은 개울 한구석에서 자라고 있던 나무였다. 주변을 정리하고 매년 병충해 약도 뿌려 주었더니 수려한 나무로 다시 태어났다. 마치 오랜 무명시절을 보내고 주목받기 시작한 내공 있는 가수처럼!

↑ 자작나무숲을 만든 지인의 권유로 20센티미터 정도 되는 1000원짜리 묘목을 심어 두었다. 나중의 쓸모를 위해서. 심은 지 4년째인 2023년 봄에 석축을 가리기 위해, 그리고 허전했던 진입로에 꽤 많은 나무를 가져다 썼다. 아기 나무를 키워서 '오지게' 썼다.

# 관목에 대한
# 두 가지 단상斷想

| 수국이 던진 숙제,
| 명자꽃이 주는 그리움

### 답이 없는 강원도의 수국길

150미터 길이의 수국길을 조성한 지 6년이 넘었지만, 아직도 답을 찾고 있는 중이다. 가장 먼저 피는 백당수국Hydrangea macrophylla var. normalis과 뒤를 이어서 피는 미국수국 '애나벨'Hydrangea arborescens 'Annabelle', 나무수국 '핑키 윙키'Hydrangea paniculata 'Pinky Winky', 나무수국 '라임라이트'Hydrangea paniculata 'Limelight' 그리고 수국길에서 파란색 꽃을 피우는 당년지 수국올해 새로 돋아난 가지에서 꽃이 피는 수국 수국 '메구미' Hydrangea macrophylla 'Kirisimano Megumi'까지! 이렇게 다섯 가지 종류의 수국을 섞어서 야심만만하게 강원도의 수국길을 시작했다. 수국은 영하로 내려가면 꽃눈이 얼어 버리는지라, 꽃이 없는 '깻잎 수국'만 몇 년째 바라보고 있던 터였다.

원래 수국은 꽃이 질 때 이듬해 꽃눈을 만들어 내년에 피울 꽃을 준비한다. 하지만 수국 '엔드리스 서머Endless Summer'나 수국 '메구미' 같은 당년지 수국들은 작년 꽃눈에서도 꽃이 피고, 올해에 나온 가지에서도 또 한 번 꽃을 피워서 봄과 늦은 여름에 두 번 꽃을 피우는 수국이라고 했다. 물론 강원도에서 봄 수국은 볼 수 없기 때문에 좀 늦게 피는 여름 수국을 기대하고 데려온 것이다. 그런데 찍박골정원의 수국은 '그때그때 달라요'다. 수국길을 조성한 이듬해인 2019년

내가 가장 좋아하는 나무수국 '핑키 윙키'다. 꽃이 흰색으로 피어서 분홍색을 거쳐 짙은 자주색으로 가을과 함께 무르익는다. 중학교 때 코바늘로 뜬 흰색 레이스 화병 받침 같다.

수도관 동파 방지 스폰지를 끼워 주자 전쟁터로 향하는 갑옷 입은 장군이 되어 버렸다. 남편은 "수국꽃보다 더 예쁜데!" 한다. 찬 바람을 막겠다고 씌웠는데, 안 씌운 줄기보다 오히려 더 말라 있었다. 결국 이른 봄에 모든 줄기를 잘라 냈다.

에는 7월에 피었다가, 다음 해에는 8월, 또 그 다음 해에는 9월에 피기 시작해서 한 달만에 서릿발에 풀썩 주저앉은 일도 있었는데, 그것만 해도 감사한 일이었다. 급기야 2022년에는 파란색 꽃을 피우는 수국이 아예 꽃을 내지 않았다.

언젠가 강원도 수국은 겨울에 지상부가 모두 얼어 죽고, 땅에서부터 다시 자라기 시작해서 1년에 1미터도 넘게 크기 때문에 질소가 많이 필요하다는 인터넷 '카더라' 정보를 듣고 팔랑귀가 나부끼는 바람에 질소 과잉으로 이파리가 뒤집어지는 소동이 났었다. 전문가의 조언대로 미네랄 비료를 엽면시비액체 비료를 식물의 잎에 직접 공급하는 방법 해 주었더니 두어 달 후에 파란 수국이 피기 시작했다. 그래서 해답을 찾았다고 생각했다. 그러고는 이듬해 봄에 똑같은 방법으로 엽면시비를 해 주었다. 그런데 꽃이 피지 않았다. 가을이 올 때까지도 안 피고야 말았다. 그래서 아직도 수국은 찍박골정원의 숙제다. 꽃 피우는 데 절대적인 역할을 하는 인산비료를 주기도 하고, 겨울 꽃눈을 보호하겠다고 수도관 동파 방지용 스폰지를 끼워주기도 하고, 마른 꽃을 구경할 새도 없이 꽃송이를 제거하기도 했건만, 수국은 '바람처럼 왔다가 이슬처럼 사라지는' 자유로운 영혼이다. 내 사람인가? 하면 남의 사람이고, 또 남의 사람인가? 싶으면 내 사람이기도 한 나쁜 남자 같다.

결국, 남편의 조직원이 되었다. 원래 자작나무숲과 사과나무숲 그리고 잔디가 남편의 영역이었다. 그런데 나한테는 좀 버거운 텃밭과 수국길까지 남편이 관리하기로 했다. 내년에는 꽃을 좀 볼 수 있으려나? 남편의 조직이 자꾸 커지고 있다. 조폭도 아니면서 자꾸만 영역을 넓혀 간다.

← 가을이 무르익으면 나무수국꽃도 익어 간다. 여름에는 흰색으로, 가을에는 톤 다운된 핑크색으로, 만추에는 자주색으로! '센스쟁이 파티 걸' 같다.

↑ 미국수국 '애나벨' *Hydrangea arborescens* 'Annabelle'은 얼굴만 한 사이즈의 큰 꽃이 자랑이지만, 그 얼굴만 한 크기 때문에 잘 쓰러진다는 단점이 있다. 요즘에는 여러 가지 색과 왜성종으로 개발된 '애나벨'이 나와 있어서 선택의 폭이 넓다. 해가 갈수록 좋은 품종이 많이 나오지만, 자꾸 육종할수록 식물체는 약해진다. 많은 가드너가 원종을 선호하는 이유다.

### 엄마의 '산당화'

단독주택에서 평생을 산 친정 부모님이 아파트로 이사를 했다. 잔디를 깎을 때마다 툴툴거리던 천생 '게으름 할아버지'인 친정아버지의 소원이 이루어진 것이다. 김치도 담가야 하고, 텃밭도 정리해야 하고, 저녁에는 아버지가 좋아하는 돌나물도 뜯어다 무쳐야 하고, 장에도 다녀와야 하고, 엄마는 늘 일 생각뿐이다. 교회에 가도 목사님 설교가 귓전에서 윙윙거리고 있는데, 머릿속은 온통 일뿐이라 하나님 나라에 못 가겠다고 큰 걱정이었다. 엄마는 당신이 구원을 못 받는 이유가 '일이 많아서'라 했다.

반면 아버지는 평생 운동이라고는 숨쉬기 운동과 TV 보는 운동뿐인 사람이었다. 두 노인네가 단독주택을 건사하기에는 많이 연로하다는 결론을 내린 후로 근처의 아파트로 이사를 갔다. 30년 넘게 키우던 값나가는 소나무, 배롱나무, 산철쭉을 뒤로하고 가장 만만한 명자꽃산당화을 엄마의 주말농장으로 옮겨 심었다. 죽기 전에 저걸 좋은 자리로 옮겨야 하는 일이 엄마한테는 또 하나의 큰 과업이었다. 그리고 그 좋은 자리는 찍박골정원이었다.

임무를 맡은 언니는 어느 해 늦은 가을, 엄마의 명자꽃을 트럭에 달랑 하나 보내기 서운하다며 언니네 정원에 있는 아름드리 좀작살나무와 화살나무를 함께 보내 왔다. 친정 엄마의 뜰에서 15년 살았던 명자꽃이 내 뜰로 이사를 왔다. 막상 마주한 명자꽃은 엄마의 자랑대로 내 머릿속에 그려진 나무가 아니었다. 1미터가 살짝 못 되는 키에다가 빽빽하게 들어찬 가지들이 험한 일로 마디가 굵어진 노인네 손가락 같았다. 단독주택 뜰에 심었던 터라, 크게 키울 수 없어서 그랬을까? 엄마의 세월이 안타까워 먼 길을 데려온 아이지만 여기저

친정엄마가 정원 이곳저곳을 다니며 꽃구경을 하면 졸래졸래 따라다니면서 꽃 이야기, 엄마 정원 이야기, 쑥 부꾸미 이야기 등을 한다. 엄마가 이 세상을 떠나도 함께 거닐던 정원길이 많이 생각날 것 같다. 아주 많이 꽃 이야기를 하고 싶은데, 꽃 이야기로 시작해도 꼭 잔소리로 끝난다.

찍박골정원

기 두서없이 잘린 나무 모양과 만원버스처럼 꽉꽉 들어찬 가지가 영 맘에 들지 않았다. 그럼에도 혹여 따뜻한 곳에서 살던 아이라 겨울이 너무 추울까 봐 칭칭 동여매서 겨울을 나게 해 주었다. 봄이 되자 엄마의 자랑대로 탐스러운 빨강 꽃들이 들어찼다.

엄마의 세월이 살아났다. 귀로만 듣던 소담스러운 꽃의 실체를 보면서 '아, 이게 엄마의 취향이었구나!' 길가를 오가는 시골 할머니들한테 치사 깨나 받았을 법한 꽃이었다. 어쩌면 10년 후쯤에는 나도 이런 꽃을 좋아할지도 모르겠다. 세월이 흘러 엄마가 없는 시간이 오면 아마도 이 꽃이 그 자리를 대신하지 않을까? 그때가 되면 명자 꽃이 내가 가장 좋아하는 관목 자리를 꿰차고 들어 앉을지도 모르겠다.

**식물을 살 때 주의해야 할 점**

**① 올해 꽃이 피는 모종인지 내년에 필 모종인지 확인한다.**

흰색 꽃이 피는 우단동자꽃을 심었다. 잔털이 빽빽하게 들어찬 은빛 새싹이 탐스러운 꽃처럼 올라왔다. 그런데 분명 '봄꽃'이라고 들었는데, 그 아이는 봄이 지나고, 여름이 오고, 그 여름이 지나도 꽃이 피지 않았다. 게다가 장마 이후에 이파리가 점점 녹아내려서 각설이 바짓자락처럼 너덜거렸다. 가을이 왔는데도 꽃소식이 없자 나는 모두 뽑아 버렸다. 추운 강원도라서 꽃을 안 피우는 줄 알았다. 여러해살이풀의 꽃은 첫해에 줄기와 이파리를 키우고, 다음 해에 꽃을 피운다는 기본 중의 기본을 몰랐던 것이다.

**② 큰 관목이나 교목은 직접 수형을 확인한다.**

요즘은 길이 1미터 40센티미터 정도까지는 나무도 택배로 배송이 된다. 그러나 3~4년 이상 큰 나무들은 수형이 잡혀 있기 때문에 가능하면 발품을 팔아 원하는 수형인지 아닌지 확인하고 구매하는 것이 좋다.

**③ 상품이 있는지 확인하고 방문한다.**

풍년화 *Hamamelis* 5년생을 구입하러 모 원예종묘사를 방문했다. 처음 방문한 곳은 이사를 해서 비어 있었고, 두 번째 매장에는 5년생이 없었고, 세 번째 매장은 식물은 있었지만 본사가 아니어서 화물 운송이 불가능하다고 했다. 다음 약속 때문에 결국 나무를 사지 못하고 돌아왔다. 대형 원예종묘사나 조경회사들이 모여 있는 헌인릉이나 과천 주변에는 한 회사가 두세 개의 매장을 운영하는 경우가 많다. 그런데 모든 매장에 모든 식물이 있는 것이 아니기 때문에 내가 원하는 식물이 어느 매장에 있는지 확인하고 방문하는 것이 좋다.

**④ 3~5월의 주말은 피한다.**

날씨가 풀리기 시작하는 3월부터 5월까지는 꽃시장 성수기다. 특히 주말에는 차량과 인파가 극심해서 가능한 평일을 이용하는 게 좋다.

### ⑤ 뜻하지 않게 온라인 쇼핑몰에서 '대어'를 낚을 수도 있다.

평소에 인터넷 서핑을 하면서, 또 강의를 듣거나 책을 보면서 내 정원에 필요한 식물 '위시 리스트'를 만들어 놓는다. 그리고 시간이 날 때마다 온라인 식물 매장을 구경하다 보면 뜻하지 않게 귀한 식물을 만나기도 한다. 여뀌 '파이어 테일'*Persicaria* 'Fire Tale', 층꽃나무 '리실브'은엽 층꽃, *Caryopteris × clandonensis* 'Lissilv', 이리스 팔리다 '바리에가타'*Iris pallida* 'Variegata', 패랭이꽃 '크루엔투스'*Dianthus* 'Cruentus' 등이 우연히 인터넷에서 만난 아이들이다.

### ⑥ 온라인 몰, 화훼단지, 정원박람회 등 시장은 널려 있다.

내가 자주 이용하는 곳을 소개하면 아래와 같다.

| | |
|---|---|
| 온라인 몰 | 꽃삼매, 복남이네 야생화, 꽃씨몰, 피어나라 야생화, 심폴, 웃음꽃농장 등 |
| 원예종묘회사 | 대림원예종묘, 대림묘목농원, 미림원예종묘, 우림원예종묘, 세종식물원, 한국원예종묘 등 |
| 정원박람회 | 고양꽃박람회, 서울정원박람회, 전주정원박람회 등 |
| 화훼단지 | 양재, 과천, 헌인릉, 하남 등 |
| 기타 | 가든조아, 천지식물원, 송매농원, 그린조경 등 |

# 10년 실패를 발판 삼아 추천하는
## '봄꽃 베스트 10'

둥굴레Polygonatum odoratum var. pluriflorum, 초롱꽃Campanula punctata, 꽃범의꼬리Physostegia virginiana, 청화쑥부쟁이Aster ageratoides 'Ezo Murasaki'의 뿌리를 거의 7~8년째 계속 뽑아내고 있다. 이렇게 뿌리로 번식하는 아이들은 애당초 정원에 들이지 말았어야 했다. 식물 관련 지식이 전혀 없었던 정원 만들기 초기에 그저 식물의 외모에 반해서 심었던 아이들한테 혼쭐이 났던 경험이 있었던 터라, 지금도 식물을 선택할 때 가장 신경을 쓰는 부분이 바로 공격적인 번식성이다. 예쁜 여자는 3년, 착한 여자는 30년, 지혜로운 여자는 3대가 행복하다는데, 품성이 좋아야 행복하게 살 수 있는 건 정원이나 가정이나 마찬가지인가 보다.

돌이켜 보면, 그동안 가드닝을 하면서 가장 많이 실수했던 부분은 식물 선택이다. 정원 식물에 관한 지식이 없으니 선택지도 적고, 식물 관련 정보를 얻기도 쉽지 않았다. 또 외국 사이트를 뒤져도 기후나 토양이 다른 나의 정원과는 다른 결과물이 나오기도 하기 때문에, 일일이 내 정원에서 시행착오를 겪어 보는 수밖에 없었다. 식물 각각의 특성을 모른 채 사진에 홀려서 심은 아이들이 대부분이라, 온갖 정신 사나운 경험을 혹독하게 치렀다. 가랑비에도 푹푹 쓰러져 버리는 아이들, 꼬박꼬박 물을 챙겨 주어야 하는 아이들, 조금만 습해도 녹아 버리는 아이들, 잘 크다가 어느 해 갑자기 사라져 버리는 아이들.

그중에서도 가장 속을 썩이는 부분은 역시나 공격성이다. 뿌리나 씨로 번식해 아무 곳에서나 쑥쑥 올라오고, 정원을 온통 휘젓고 다니는 아이들이 가장 골칫거리였다. 물론 그 과정에서 식물의 특성과 다루는 여러 가지 방법을 배워 나가긴 했지만, 초창기 시절에는 열 종류를 심으면 제대로 만났다 싶은 품종은 한두 종류였던 것 같다. 그래서 내 가드닝 경험을 돌아보면 '심고 뽑고'의 연속이었다. 소림사에서 이 정도 훈련을 했으면 활활 타는 불 위를 걸어 다닐 수 있는 신공을 터득하지 않았을까 싶다. 그래서 10년 실패를 밑천 삼아 추천하는 '봄꽃 베스트 10'을 뽑아 보았다.

### 아스트란티아
*Astrantia*

구하기도 어렵고 몸값도 만만치 않음에도 불구하고, 꼭 추천하고 싶은 아이다. 우리나라 정원에 맞게 키도 50~60센티미터로 적당하고, 산철쭉꽃이 지고 나면 꽃이 핀다. 한 달은 족히 넘게 꽃이 피는데 쓰러지지도 않고 자연발아가 안 되는 원예종이라 내가 원하는 곳에, 내가 원하는 개체 수만큼 키울 수 있다. 다만, 존재감이 드러날 만큼 풍성해지기까지 3~4년의 시간이 걸리기 때문에 도를 닦는다 생각하고 기다려 주어야 한다.

### 금낭화
*Dicentra spectabilis*

화려한 원예종을 좋아하는 편이지만, 금낭화는 토종이 좋다. 더 좋은 건 꽃도 한 달 넘게 피어 있지만, 꽃이 지고 나서 싹둑 잘라 버리면 없어진 듯 보이다가 매년 봄이 되면 포기를 키워 더 고운 꽃을 피운다. 봄꽃은 이런 아이들이 좋다. 꽃이 지고 나서 휴면에 들어가는 식물 혹은, 여름꽃이 그늘을 만들어도 그 아래서 살아가는 아이들 말이다. 이런 눈치 좋은 아이들이 봄꽃으로는 좋다.

### 매발톱
*Aquilegia*

색상이 다양해서 선택의 폭이 넓다. 물론 개화기도 길고, 월동도 잘 할 뿐만 아니라 꽃도 일찍 피고 여름에 꽃이 피는 식물들이 만드는 그늘 속에서도 잘 큰다. 그야말로 인물 좋고, 능력 좋고, 성격 좋고, 강남에 아파트가 있지만, 직장 가까운 오피스텔에 살고 있는 신랑감이다. 단점이라면 교잡이 잘 일어나, 작년에는 핑크색이었던 꽃이 금년에는 보라색으로 피는 일이 잦다. 단 하나 있는 단점이 너무 치명적인(?) 신랑감이다.

**플록스 디바리카타**
차가플록스,
*Phlox divaricata*

흰색과 보라색 플록스 디바리카타와 노란색 미나리아재비*Ranunculus japonicus*가 화려하게 어우러진 정원을 따라하겠다고 심었는데, 미나리아재비는 플록스의 그늘에 가려 간신히 뿌리만 유지하고, 흰색과 보라색의 플록스 디바리카타가 봄이면 장관을 이룬다. 한 달 보름 정도로 오랜 기간 꽃이 핀다. 또 반그늘에서 잘 자라기 때문에 여름 꽃이 만드는 그늘에서도 잘 자라고 장마 때도 끄떡없다. 번식력이 좋은 편이라 초봄에는 포기를 나누어 주면 좋다.

**살비아**
*Salvia*

품종이 워낙 다양하기 때문에 실수하기 쉬운 식물 중 하나다. 한 뼘 정도 되는 크기부터 허리까지 올 만큼 키가 큰 품종도 있어서, 내 정원에 맞는 살비아를 고르는 일이 만만치 않다. 하지만 일단 적당한 크기와 색깔을 고른다면 봄 한 달 정도 행복하게 해 주는 식물이다. 이른 봄에 꽃이 피는 품종도 있고, 늦봄에 피는 품종도 있어서 살비아만으로도 두어 달 꽃 구경을 할 수 있다. 꽃이 지고 난 후 줄기를 잘라 내고 거름을 주면 다시 꽃대를 올린다는데, 강원도 산골에 자리한 찍박골정원에서는 꽃을 두 번 보기는 어렵다.

**수선화**
*Narcissus*

봄에 꽃이 피는 국가대표급 구근이다. 튤립과는 달리, 수선화는 장마 전에 캐내지 않아도 매년 포기를 키워 가면서 몸집을 불려 나가기 때문에 해마다 꽃이 늘어난다. 수선화와 튤립은 조생·중생·만생종이 있어서 무스카리나 물망초, 앵초 등 다른 봄꽃과 섞어 심으려면 시기를 잘 맞추어야 한다. 자칫 조생종 수선화에 늦봄에 피는 앵

초를 섞어 심으면 수선화가 모두 지고난 후에야 앵초가 피어나는 불상사도 생긴다.

### 정향풀
*Amsonia*

관목 같은 느낌의 초본이다. 꽃만 보면 하늘하늘한 코스모스 같은 느낌이지만, 뿌리도 줄기도 관목처럼 자라나는 아이다. 그러다 보니 웬만한 비바람에도 쓰러지지 않고, 시든 꽃을 잘라 줄 필요도 없고, 씨를 뿌려 대지도 않는다. 가을이 되면 이파리가 노랗게 단풍이 들어 가을에도 한몫을 톡톡히 해낸다. 가정집 정원에 심기에 덩치가 좀 크다 싶으면 50센티미터 정도로 자라는 '블루 아이스' 품종을 추천한다. 꽃은 살짝 늦게 피지만, 더 진한 보랏빛 꽃과 아담한 사이즈가 매력적이다.

### 아이리스
*Irisa*

우리나라 붓꽃을 보아 왔기 때문일까. 호랑이 같은 독일붓꽃*Iris × germanica*보다는 고양이 같은 시베리아붓꽃*Iris sibirica*종류를 좋아한다. 꽃 모양이야 개인적인 선호도 차이가 있겠지만 아이리스가 정원에서 좋은 건 형태 때문이다. 아이리스는 개화기가 그다지 길지는 않지만 대신 형태가 무너지지 않는다. 그라스 같은 이파리가 봄부터 여름을 거쳐 서리가 내릴 때까지 제 자리를 꽉 채워 주는 식물이다. 장마 때도 결코 흐트러짐이 없다. 독일붓꽃은 아주 건조한 토양을 좋아하지만 시베리아붓꽃은 물가에서도 자랄 만큼 물을 좋아한다.

## 알리움
*Allium*

알리움을 보면 '카리스마'가 떠오른다. 이파리 하나 없이 꽃대만 불쑥 올라와서 달랑 꽃 한 송이로 주변의 시선을 한 몸에 받는 '꾸안꾸' 스타일의 세련된 느낌이다. 장마 전에 캐내서 보관했다가 가을에 다시 심어야 하는 수고로움을 한 방에 날려 줄 만한 가치가 있는 식물이다. 플록스 디바리카타*Phlox divaricata*, 브루네라*Brunnera*, 물망초*Myosotis scorpioides*, 튤립*Tulipa*, 수선화*Narcissus* 등 어떤 봄꽃과도 잘 어울린다. 알리움 '퍼플 센세이션'*A.* '*Purple Sensation*', '글래디에이터'*A.* '*Gladiator*', '앰버서더'*A.* '*Ambassador*', 알리움 기간테움*Allium giganteum* 등 봄에 보라색 둥근 꽃을 피우는 알리움 품종이 대부분 수입되어서 구입하기도 쉽다.

## 알케밀라
*Alchemilla*

봄이 한창일 때, 연노랑색 푸슬푸슬한 알케밀라의 꽃이 소담스럽게 피어난다. 3년차에 접어드는 아이가 두 팔로 안았을 때 꽉 찰 정도로 풍성하고 큼직하게 자랐다. 반그늘을 좋아하는데, 이건 건조한 땅에서는 키우기 힘들다는 이야기기다. 반드시 나무 그늘 같은 반그늘이 아니라도 오후에는 그늘이 지는 돌담 아래나 계단 틈새 같은 곳이면 좋다. 꽃은 거의 두어 달 정도 핀다.

봄이 늦게 오는 찍박골정원은 수선화, 튤립, 알리움 등으로 봄을 난다. 그리고 늦은 봄, 플록스 디바리카타와 매발톱, 정향초가 숙근초 정원의 서막을 연다.

순백의 꽃을 피우는 길레니아 트리폴리아타하야초, *Gillenia trifoliata*는 반그늘을 좋아하는 아이라, 그늘 한 점 없는 댄싱가든의 여름을 나기가 힘들다. 그래도 봄이면 어김없이 신부 같은 하얀 꽃을 피워 낸다. 가을에 한들거리는 바늘꽃 같은 느낌이다.

← 양귀비와 델피니움Delphinium. 둘 다 키도 비슷하고 개화기도 비슷하다. 게다가 꽃이 지고 나서 키가 훅 줄어드는 것도 비슷해서 정원 제일 뒤쪽에 심었다. 앞쪽에 심은 가을꽃들이 흉한 이들의 모습을 잘 가려 준다.

---

↓ 수선화는 이른 봄꽃으로 '머스트 해브' 아이템이다. 꽃이 지고 나서 꽃대를 잘라 주는 일 이외에는 일감을 만들지 않는다. 조생종과 중·만생종을 섞어 심으면 한 달 넘게 '꽃잔치'를 할 수 있다.

# 손 안 가고 오래 피는
## '여름꽃 베스트 10'

"내가 원하는 색상의 꽃이, 내가 원하는 자리에서, 내가 원하는 개체 수만큼 피어야 한다. 게다가 손도 덜 가야 하고, 오래 피어야 한다. 물론 번식력이 주책 없을 만큼 강해도 안 된다." 이런 말을 하는, 얌체 같고 독재자 같은 가드너는 다름 아닌 나다! 그래서 씨를 뿌려 대거나, 뿌리로 정원을 휘젓고 다니거나, 비 한번 오면 푹푹 쓰러지거나, 1주일에 한두 번씩 꼬박꼬박 물을 챙겨 주어야 하는 아이들은 'no thank you'다. 이렇게 차 떼고 포 떼고 나면 실은 정원에 남겨 둘 식물이 그리 많지 않다.

내 맘에 들지 않는다는 이유로 퇴출시킨 아이들도 있지만, 내가 실수로 사라지게 한 아이들도 제법 있고, 강원도의 겨울을 못 넘기는 아이들도 있다. 멀칭을 너무 두껍게 해서 싹이 못 올라오기도 했고, 워낙 다닥다닥 판자촌처럼 붙여 심었더니 덩치 큰 아이 그늘에 가려 다음 해에 없어져 버린 일도 있었다. 꽃이 피고 나서 지저분한 이파리를 너무 바짝 잘라 주었더니 아예 없어져 버리기도 했고, 몇 년간 분주를 안 해 주어서 자연 소실된 일도 있었다.

이런 저런 이유와 핑계에도 불구하고, 매년 여름 생활력 강한 '또순이'처럼 장마도 이겨 내고, 강풍도 버텨 내고, 흙도 가리지 않는 식물들이 있다. 마치 아무리 구시렁대고 투덜거려도 너그러이 받아 주는 남편처럼. 이런 남편이 있으랴만은 이런 식물이 있다는 건 참으로 행복한 일이다.

## 에키나시아
*Echinacea*

너무 밤늦게까지 야근하는 것 같아서 강제로 퇴근시켰더니, 다음 날 제일 먼저 출근하는 직원 같다. 초여름에 꽃이 피기 시작해서 늦여름까지도 꽃을 피우기에 그만 쉬라고 꽃대를 모두 잘라 주었는데, 또 꽃대를 올리더니 초가을까지 피어 있다. 사랑스러운 '미련 곰탱이' 식물이다.

**아스틸베**

노루오줌, *Astilbe*

이렇게 몽환적인 꽃을 피우는 아이가 또 있을까? 아스틸베는 꽃도 너무 황홀한데, 꽃이 피고 나서가 더 멋진 아이다. 시든 꽃이 깔끔하게 말라서 그라스처럼 서 있다. 그라스인지 시든 꽃인지 분간이 안 될 만큼 멋지게 마무리한다. 이파리도 흐트러짐이 없다. 지저분해지지도 않는다. 씨를 뿌리지도 않고, 뿌리로 번져 나가 정원을 돌아다니며 나대지도 않는다. 자연의 순환을 이해하고 떠날 때를 알고 떠나는 진중한 현자 같다.

**미역취**

솔리다고, *Solidago*

가을에 꽃이 피는 키가 큰 양미역취 *Solidago altissima*는 생태계 교란식물이다. 찍박골정원에는 50~60센티미터 정도 되는 정원용으로 육종된 식물을 키우고 있다. 아무렇게나 갈겨 놓은 낙서 같은 꽃 모양이 자유로운 영혼 같아서 매력적이다. 번식력도 공격적이지 않고, 꽃도 오래 피고, 키가 작아서 쓰러지지도 않고, 우리나라 정원에 맞는 스타일이다.

**제라늄**

*Geranium*

줄기가 화분을 살짝 흘러내리는 모양새나 정원 테두리를 넘어서 길가로 살짝 삐져나오는 모습에서 느껴지는 자연스러움이 좋다. 꽃멀미가 날 만큼 풍성하게 꽃이 피고, 지고 나서 정갈하게 잘라 주면 또 다시 꽃이 핀다는데, 강원도에서는 그렇게까지는 아니다. 품종에 따라서 늦은 봄에 피기도 하고 이른 여름에 피기도 하지만, 한 달 정도 풍성하게 피었다가 아침저녁으로 찬바람이 불 때까지 간간히 지속적으로 꽃을 피운다.

배초향 '블루 포춘'

*Agastache rugosa*
'Blue Fortune'

품종을 잘 알지 못했던 초보 가드너 때, 사진만 보고 인터넷에서 배초향을 구입했다. 약초로 쓰이는 토종이었다. 내 키보다 더 크게 자라서 소파에 달라붙은 사춘기 아들내미처럼 늘 땅 바닥에 널브러져 있었다. 꽃도 꽁지 빠진 닭 꼬리 마냥 볼품이 없는데다가, 씨를 여기저기 뿌려서 두 해에 걸쳐 모두 뽑아냈다. 현재는 배초향 '블루 포춘'을 키우고 있는데, 나무랄 데가 없다. 꽃이 오래 피고, 키에 비해 덜 쓰러지고, 자연발아 하지 않고, 무엇보다 같은 시기에 피는 핑크색 에키나시아와 찰떡궁합이다.

루드베키아

*Rudbeckia*

여름철이 되면 우리 마을은 루드베키아 때문에 '노랑 마을'이 된다. 농사로 지친 아낙네들의 귀가 길에 화사한 미소로 '수고했다' 어루만져 주는 것 같다. 거의 두어 달 정도 피어 있는데다가, 줄기도 튼튼하고 월동이나 병해 등 여러 면에서 전혀 손이 안 가는 아이다. 마치 시골에서 코 밑이 헌 채로 볼이 빨개질 때까지 눈밭을 뛰어다니는 까까머리 선머슴처럼 강인하다. 단, 번식력이 좋은 편이어서 자칫 다른 식물에게 민폐가 안 되도록 씨가 여물기 전에 꽃송이를 잘라 주어야 한다. 찍박골정원에서는 애기루드베키아*Rudbeckia triloba*를 키우고 있다.

솔잎금계국 '문빔'

*Coreopsis verticillata*
'Moonbeam'

내가 만들어 가고 있는 파스텔톤의 댄싱가든에는 노란색 꽃보다는 솔잎금계국 '문빔' 같은 연노랑색 꽃이 더 잘 어울린다. 한 달 넘게 자잘한 꽃들이 빼곡하게 피고 나서 지저분해진 식물을 절반 싹둑

135　　손 안 가고 오래 피는 '여름꽃 베스트 10'

자르면 가을에 단정하게 다시 꽃이 핀다. 다른 품종의 기생초속 식물 Coreopsis도 가을에 한 번 다시 피는데, 다른 품종들이 큰 키를 감당 못하고 누워서 피는데 반해, 솔잎금계국 '문빔'은 쓰러지는 일이 없다.

## 꼬리풀
*Veronica*

자칫 편평해지기 쉬운 정원에 촛불처럼 뾰족하게 올라오는 느낌이 아주 센스 있는 식물이다. 시싱허스트 화이트가든에서 가장 충격적이었던 아이가 바로 흰색 꼬리풀이었다. 이 식물을 찾기까지 네다섯 번 정도의 시행착오를 거쳤다. 그 만큼 품종이 다양하다는 이야기다. 40센티미터부터 1미터 넘는 꼬리풀까지 크기가 다양하고, 흰색·분홍색·보라색 등 색상도 다양하다. 또 늦봄에 피는 아이부터 한여름에 피는 아이까지 개화기가 다양하다는 것도 장점이다. 시든 꽃을 제때에 잘라 주면deadheading 한 달도 넘게 꽃을 즐길 수 있다.

## 실유카
*Yucca filamentosa*

실유카는 찍박골정원에서는 아슬아슬하게 겨울을 넘긴다. 겨울이 아주 추우면 3~40퍼센트 정도가 없어지고, 좀 따뜻한 겨울이다 싶으면 건강하게 봄을 맞는다. 10년간 두어 번 정도 겨울을 못 넘긴 적이 있었다. 이 아이의 가장 큰 장점은 1년 내내 푸르다는 점이다. 상록수가 아님에도 겨울에도 푸르름이 살아 있다. 하얀 눈을 배경으로 서 있는 실유카는 겨울에 단연 독보적이다. 또한 1주일 정도 잠깐 피는 꽃은 또 얼마나 이국적이고 존재감이 탁월한지. 해가 갈수록 더 감탄하게 되는 아이다.

손 안 가고 오래 피는 '여름꽃 베스트 10'

## 원추리
*Hemerocallis*

영국의 정원 잡지에서 노동력을 많이 투입할 수 없는 노인들이 가꾸는 정원에 추천하는 꽃 1순위가 원추리였다. 그만큼 손이 많이 가지 않아도 되는 식물이다. 장마철에도 쓰러지지 않고 꽃을 피우고, 시든 꽃을 잘라 줄 필요도 없으며, 공격적으로 번식하지도 않고, 가을까지 제자리를 꿋꿋하게 지켜 준다. 늦은 봄에 피는 품종, 이른 여름에 피는 품종, 한 여름에 피는 품종, 늦여름에 피는 품종으로 개화시기도 다양하고, 50~60센티미터부터 1미터에 이르는 종류까지 크기도 다양하고 색상도 다양해서 원추리만으로도 여름 화단을 풍성하게 즐길 수 있다. 단 한 가지 흠이라면 식물에 발생하는 진딧물이다. 우유를 물에 10배 희석해서 뿌려 보았는데, 큰 효과를 거두지 못했다. 대신 시판되는 친환경 살충제 한 번이면 충분하다.

8월 정원의 시그니처 식물은 단연 촛대승마 *Actaea simplex*다. 이 아이의 콘셉트는 '굵고 짧게' 그리고 '강렬하게'다. 유난히 크고 화려한 향등골나물, 에키나시아, 배초향, 파니쿰 '초콜릿' *Panicum virgatum* 'Chocolate' 같은 여름꽃들 사이에서 독특하고 세련된 개성을 뽐내며 정면 승부한다. 반음지 식물이라는데 그늘 없는 댄싱가든에서 잘 살아가고 있다.

# 저무는 정원을 밝히는
'가을꽃 베스트 10'

정원을 가꾸기 시작할 무렵에는 가을까지 즐길 수 있는 정원을 만드는 게 목표였다. 왜냐하면 봄꽃이 지고 나서 그 이후에 꽃을 피우는 식물들도 마땅치 않았고, 장마를 거치면서 잡초가 정원을 점령하다시피 했기 때문이다. 격정적인 계절인 여름에는 꽃을 피우는 식물도 겁 없이 크는데, 다른 잡풀도 그렇다. 전쟁 치르듯 풀을 뽑고, 검사劍士처럼 시든 꽃을 잘라 주고데드헤딩, 군기가 바짝 든 신참처럼 쓰러지는 식물들을 일으켜 세워야 한다.

전쟁터 같은 여름 정원에 지지 않아야 성숙하고 겸허한 가을 정원을 만들 수 있다. 잡초는 '얇고 길게' 뽑아 주는 게 '정도定道'다. 너무 교과서 같은 이야기지만 이게 정석이다. 봄에 새싹이 나올 때부터 꾸준하게 조금씩 가을까지 뽑아 주고, 식물도 건강하게 보살펴 주고, 정원을 정갈하게 손질해 주어야 '가을 맛'이 나는 매력적인 정원을 만들 수 있다. 그리고 가을의 정원은 꽃을 주연으로 삼기에는 무리가 있다. 가을에 꽃을 피우는 식물의 선택지가 그리 많지 않기 때문이다. 꽃이 필요하면 가우라바늘꽃 *Gaura lindheimeri*나 오레곤개망초원평소국, *Erigeron karvinskianus*, 개맨드라미 *Celosia argentea*, 천일홍 *Gomphrena globosa*, 다알리아 *Dahlia*, 메리골드 *Tagetes*처럼 가을로 가면서 더 풍성해지는 한해살이풀을 이용해 색깔이 풍성한 가을 정원을 만들면 된다.

가을 정원을 위해서 봄이면 백일홍Zinnia elegans과 맨드라미 씨로 모종을 만들고, 다알리아와 칸나Canna 구근을 준비한다. 그중에서 한 해도 안 거르고 심는 식물이 바로 다알리아 해피 싱글 시리즈 '로미오'Dahlia 'Romeo'다. 가을로 갈수록 꽃이 풍성해지고 톤 다운된 가을의 풍경에 포인트 색을 얹어 주는 '서프라이즈' 식물이다.

## 대상화
추명국, *Anemone hupehensis*

가을의 꽃인 아스터나 국화 종류가 줄기도 억세고, 형태도 거대한 데 비해 대상화는 하늘하늘한 원피스를 입은 봄 처녀 같은 느낌이다. 꽃도 줄기도 식물의 형태도 가녀린데다가 꽃 색깔도 화사한 핑크색과 흰색이다. 다른 식물들이 '멜랑꼴리'한 가을색으로 물들기 시작할 때, 화사한 색감으로 반전을 만들어 주는 아이다. 아주 가물었던 어느 해 봄에 대상화가 절반 이상 소실되었던 기억이 있다. 대상화는 배수 좋고 촉촉한 땅을 좋아한다.

## 꿩의비름
*Hylotelephium*

꿩의비름은 살균제를 써야 하는 일이 꺼림칙해서 정원에 심지 않았다. 유튜브에서 어떤 미국 여성이 아주 자신 있게 농약 대용으로 우유를 사용하는 법을 가르쳐 주는 것을 보았는데, 나는 별 효험을 보지 못했다. 우유를 물에 10배로 희석해 뿌리는 방법이다. 그 뒤로는 시판되는 친환경 살균제를 사용했는데, 이런 신통한 방법이 있나 싶었다. 살균제 한 방이면 가을까지 샤넬이나 디올과는 비교도 안 될 만큼 매력적인 아이가 태어난다. 쓰러짐, 없다. 데드헤딩, 없다. 공격적 번식력, 없다. 물 주기, 없다. 살균제를 사용해도 죄책감이 들지 않을 만큼 가치가 있는 아이다. 7월에 연두색 꽃봉오리가 나오고, 핑크색으로 꽃이 피었다가, 서리 내릴 때 즈음이면 자주색으로 변해서 하얀 서리를 뒤집어쓴 매력적인 모습으로 정원을 빛내 준다.

## 층꽃나무
*Caryopteris*

토종 층꽃나무는 찍박골정원의 겨울을 나지 못한다. 인제 읍내만 하더라도 감나무, 모과나무, 층꽃나무 등이 잘 크는데, 이곳의 겨

저무는 정원을 밝히는 '가을꽃 베스트 10'

울은 더 혹독하다. 물론 여름도 읍내보다 3~4도 정도 낮다. 그래서 관목 형태로 자라는 층꽃나무 종류를 심었다. '헤븐리 블루Heavenly Blue', '서머 소르베Summer Sorbet', '리실브Lissilv' 이렇게 세 종류를 심었는데 모두 월동은 문제가 없었다. 관목 같은 뻣뻣함이 있어 쓰러지지도 않고, 개화기도 긴 편이고, 씨앗도 뿌려 대지 않는다. 꽃 귀한 가을에 아주 귀한 식물이다.

## 헬레니움
*Helenium*

나는 산철쭉보다 진달래를 좋아하는 편이다. 진달래는 여백의 미가 있다. 꽃도 헤성헤성, 이파리도 헤성헤성, 줄기도 우악스럽지 않다. 꽃으로 뒤집어쓰지 않는다. 산철쭉은 이파리도 줄기도 안보일 만큼 꽃이 빽빽하게 들어찬다. 헬레니움이 그렇다. 꽃이 아주 많이 핀다. '모하임 뷰티Moheim Beauty', '루빈츠베르크Rubinzwerg', '사힌즈 얼리 플라워러Sahin's Early Flowerer'를 키우는데, 공통점은 꽃이 너무 많이, 너무 오래 핀다는 점이다. 두어 달 가까이 피는 것 같다. 가을 정원을 아름답게 꾸며 주어서 고맙기는 하지만 같은 꽃을 두어 달 동안 보는 일이 살짝 지겹기도 하다. 배부른 투정인가? 하지만 빨간색과 노란색, 오렌지색과 갈색이 적절하게 섞여 가을 단풍과 아주 조화롭게 어울린다.

## 토종 솔체꽃
*Scabiosa comosa*

봄에 꽃이 피는 키 작은 서양 솔체꽃, 여름에 꽃이 피는 '파마 딥 블루Pama Deep Blue'보다 가을에 꽃이 피는 키 큰 토종 솔체꽃을 더 좋아한다. 솔체꽃은 토종 야생화치고는 키가 큰 편이고, 한 달 넘게

꽃이 피어 있을 만큼 개화기도 길다. 같은 시기에 꽃이 피는 꿩의비름이나 대상화와 너무 잘 어울린다. 흠이라면 여름 태풍에 잘 꺾이고, 쓰러진다는 점? 병충해도 없고, 키도 크고, 꽃의 색감도 매우 선명한 파랑색이며, 꽃 하나하나가 섬세하고 예쁘게 생겼다. 원래 서식지가 숲 가장자리라서 축축한 땅을 좋아하나 싶었는데, 좀 건조하다 싶게 키워야 하는 것 같다. 평지보다는 경사지인 암석가든에서 더 잘 큰다.

## 아스터
*Aster*

가을마다 여기저기서 피어나는 아스터는 굳이 키우는 방법이 필요할까 싶을 만큼 어디서나 잘 자라는 것 같다. 흠이라면, 살충제로 방제를 해 주어야 가을에 무난하게 형태를 유지한다. 그렇게 하지 않으면 이파리에 벌레인지 균인지 뭔가가 생겨 엄청 지저분해지다가 까맣게 변해 버려서 꽃만 매달려 있는 모양새가 된다. 키가 크다 싶으면 늦봄에 1/2~1/3 정도 잘라 주면 키는 작게, 꽃은 많이 달리게 키울 수 있다. 이를 첼시 춉Chelsea chop이라 한다.

## 등골나물
*Eupatorium*

두 종류의 등골나무속 식물을 키우고 있는데, 여름에 꽃이 피는 등골나물 '베이비 조'*Eupatorium* 'Baby Joe'라는 아이와 우리나라 전국에 자생하며 가을에 골프공만 한 꽃송이를 만들어 내는 향등골나물이다. 가을에 꽃이 피는 토종 품종은 여름에 꽃이 피는 품종에 비해 덩치도 작고, 꽃도 작고, 1미터 정도의 키에 몸매가 날씬하다. 번식도 적당해서 작은 정원에 더 잘 어울리는 것 같다.

## 감둥사초
*Carex atrata*

이른 봄에 검정색 꽃이 핀다고 해서 검둥 혹은 감둥사초라는 이름이 붙었다고 한다. 정확한 이름을 몰랐을 때, 한동안 감동사초라 불렀었다. 정말이지 이 아이는 '감동적'이라고 생각했다. 이른 봄, 다른 식물들이 아직 잠에서 못 깨어나고 있을 때, 가장 먼저 싹을 올려서 봄 정원을 푸릇푸릇하게 만들어 준다. 반구 형태로 풍성하게 자라나서, 이 사초 아래서는 어떤 풀도 살 수가 없고, 그늘에서도 양지에서도 심지어는 물속에서도 잘 자란다. 아무리 이름이 감동사초라고 해도 나에게는 아직도 '감동사초'다. 단, 씨로 번식하기도 하는데 장소에 따라서는 살짝 성가실 수도 있다.

## 수크령 '하멜른'
*Pennisetum alopecuroides* 'Hameln'

가을 정원은 적당히 단풍이 드는 식물과 그라스만으로도 훌륭한 볼거리를 만들 수 있다. 키도 적당하고, 덩치도 적당하고, 가을꽃이 매력적인 수크령 '하멜른'은 가을 냄새를 물씬 풍길 수 있는 식물이다. 억새나 갈대 종류가 키도 크고 부피감도 커서 이용하기 어렵다면 중간 사이즈의 수크령 '하멜른'이 대안이 될 수 있다.

## 파니쿰 '초콜릿'
*Panicum* 'Chocolate'

이름처럼 초콜릿 색깔의 잎이 아주 매력적이다. 여름부터 식물 위쪽이 자주색을 띄고, 가을에 피는 꽃도 자주색이다. 아주 얌전하고, 위로 곧추서서 크는데다가, 포기도 쑥쑥 불어나지 않는다. 참억새 '모닝 라이트' *Miscanthus sinensis* 'Morning Light'나 참억새 '리틀 지브러' *Miscanthus sinensis* 'Little Zebra' 같은 억새류 *Miscanthus*에 비해 가정집 정원용으로 도입하기 좋다.

저무는 정원을 밝히는 '가을꽃 베스트 10'

가을은 역시 그라스다. '시스루see through, 얇고 비치는 소재를 사용하여 피부를 드러내는 실루엣이나 스타일' 같은 그라스에는 어떤 꽃이 섞이건, 어떤 씨송이가 섞이건, 어떤 마른 잎이 섞이건 가을 풍경이 만들어진다. 그라스는 가을의 언어다.

흔하디흔한 꽃이지만 가을로 갈수록 빛이 나는 꽃이다. 봄이 지나면서 정원에 혹시라도 빈 자리가 있으면 가우라*Gaura lindheimeri*를 심어 준다. 푹 익어 가는 가을 정원에 가우라의 청량한 흰색 꽃이 의외로 잘 어울린다.

# 우리 집 마당
# 수난사

| 가드닝의 지름길은
| 없다

'저 푸른 초원 위에, 그림 같은 집을 짓고'는 번잡한 도시에서 벗어나고 싶은 모든 이의 로망이 되었다. 강원도 산골로 이사 올 때, 모두의 로망처럼 하얀 집에 초록색 잔디를 깔았다. 잔디를 깎아야 한다는 것도 모른 채, 거름을 주고, 흙도 메워 주고, 병충해도 막아 주어야 한다는 것도 모른 채, 열심히 물만 주면 영화 속 마당이 만들어질 줄 알았다. 그리고 그 잔디는 1년 열두 달 그림처럼 푸르게 존재하는 줄로만 알았다.

그렇게 여름이 왔고, 반갑지 않은 민들레와 처음 보는 풀들이 쑥쑥 올라왔다. 장마가 지나자 잔디는 자라고 자라서 문명과는 동떨어진 늑대인간의 머리카락처럼 축축 늘어져 갔다. 그렇게 한 해가 지나고, 다음 해가 되자 푸르게 올라와야 할 잔디는 탈모가 진행되는 머리처럼 듬성듬성 올라와 하얗게 맨땅이 드러났고, 비가 오면 물도 고였다. 무엇보다 풀한테 점점 세력을 빼앗기고 있었다. 시골로 내려온 대부분의 도시 사람들이 제초제나 농약, 비료 등을 호환마마보다도 더 무서워하듯, 우리도 감히 이런 것들을 쓸 엄두를 못 내고 있었다. 주인 잘못 만난 잔디는 점점 더 황폐해져 갔고, 잔디보다 내 마음이 더 황폐해져 가고 있었다. 마당의 잔디를 볼 때마다 바윗덩어리가 가슴을 짓누르는 듯 마음이 무거워져서 어떻게든 안 보고 싶었다. '이 잔디를 어떻게 하지?' 결국 다음 해에 잔디를 모두 걷어 내고 쇄석을 깔았다.

### 잔디의 뒤를 이은 쇄석마당의 배신

풀을 막을 수 있다는 동네 굴삭기 사장님의 제안을 듣고 자갈 같은 쇄석을 두툼하게 깔았다. 마당에 나올 때마다, 잔디를 볼 때마다 무거운 짐짝 같던 마음을 보상받는 기분이었다. 이렇게 홀가분할 수가! 풀 한 포기 없이 정갈하게 수평을 딱 맞춘 뽀얀 마당! 마치 구질구질한 남자친구와 헤어진 후에 느끼는 상쾌함 같았다. 잔디처럼 잘라 주지 않아도 되고, 풀이 올라오지 못할 만큼 두툼하게 깔았으니 풀 걱정도 없을 테고, 생명이 없으니 속 썩을 일이 없을 것 같았다.

그러나 이 쇄석에는 또 다른 문제가 있었다. 잔디마당에 비해 한여름에는 3~4도 정도 온도가 높았다. 거실에 앉아 있으면 마당 자갈의 뜨거운 열기가 집안으로 훅훅 들어왔다. 깊은 산골의 먼지 한 점 없이 투명한 공기를 통과한 햇볕이 자갈을 달구었고, 그렇게 달구어진 자갈들은 오후 내내 그 열기를 뿜어 댔다. 한여름에 핀란드 사우나 앞에 앉아 있는 것 같았다. 게다가 풀도 다시 하나둘 올라오기 시작했다.

잔디마당에서 겪었던 터라, 서너 포기의 풀은 나자마자 뽑아내기 시작했지만, 문제는 한낮에 치솟는 온도였다. 또 누가 집어 가는 것도 아닌데, 매년 이 돌멩이들은 줄어들어 갔다. 해가 지날수록 맨땅이 드러났고, 당연히 풀들이 자리를 잡아 갔다. 게다가 쇄석은 매년 새롭게 채워 주어야 하는 번거로운 과정이 필요했다. 또 겨울이 되면

찍박골정원

한여름, 잔디 마당에 서 있는 단풍나무 그늘에 앉아 있으면 '안분지족安分知足'이 몸으로 느껴진다. 나랑 마주 보고 있는 정원도 나와 같은 생각을 할까? 뙤약볕에서도 장대비 속에서도 꿋꿋하게 서서 꽃을 피워 내는 정원을 보면 '내가 악덕 업주인가?' 싶을 때가 있다.

ⓒ행복이 가득한 집 by 박찬우

눈을 치우느라 송풍기로 바람을 불어 주는데, 그 바람결에 쇄석들이 정원으로 날아갔다. 눈이 녹는 봄이 되면 정원으로 튀어 들어간 돌멩이들을 치우는 일 또한 제법 만만치 않았다. 결국 몇 해가 지나자 쇄석을 또 드러냈다.

쇄석을 걷어 내는 마당 공사를 진행하고 있는 모습이다. 봄이면 아파트 공사 현장처럼 항상 중장비가 '드르륵' 소리를 낸다. 마당 공사뿐이랴! 경사지가 무너져서 공사, 지하수가 부족해서 공사, 창고가 부족해서 공사, 정원을 조성해야 해서 공사. 남편의 취미는 공사다.

## 쇄석을 걷어 내고 잔디 대용 식물 '섬백리향'으로

잔디에 데고, 쇄석에 한 번 더 덴 이후, 이번에는 잔디 대용 식물이라는 섬백리향*Thymus quinquecostatus* var. *magnus*에 꽂혔다. 이른 봄이면 보라색 꽃들이 마당 한가득 피어나리라! 머릿속이 온통 보라색 꽃으로 가득 찼다. 그 속에는 잡초도 없었고, 한낮의 뜨거운 열기도 없었다. 그리고 가장 좋은 건 깎지 않아도 된다는 것이었다. 그러나 막상 심고 보니, 한 뼘 간격으로 심은 모종이 잔디처럼 빽빽해질 때까지 최소한 1년은 지나야 했고, 그때까지는 사막처럼 드러난 맨땅을 견뎌야만 했다. 빨리 자라난 줄기들은 서로 뭉쳐 있기도 했고, 비가 오면 맨땅은 질척거렸다. 그 사이에서 풀이 서서히 싹을 냈는데, 잔디처럼 깎을 수도 없어 손으로 뽑아내는 수밖에 없었다. 또 꽃이 피고 진 후에 남은 꽃대는 시들고 난 후에도 눈치도 없이 몇 달 동안 뻣뻣하게 서 있었다. 그러다 보니 잔디처럼 단정한 맛이 없었다. 깎고 났을 때 잔디 마당이 주는 상쾌함이 없어 항상 정돈되지 않은 덥수룩한 머리 같았다.

또한 잔디처럼 마구잡이로 밟고 다니는 일이 영 익숙해지지가 않았다. 꽃이 피는 식물이라는 생각 때문이었을까? 어쨌든 섬백리향은 인적이 드문 빈 땅에 잔디 대신 심거나, 흙을 붙잡고 있어야 하는 경사지 같은 데 심으면 좋을 식물이었다. 그래서 섬백리향은 심은 지 서너 달 만에 모두 뽑아서 빈 경사지로 옮기고 다시 잔디를 깔았다. 잔디가 가장 기품 있어 보인다는 남편의 결론에 동의했기 때문이다. 돌고 돌고 돌아서 우리 집 마당에는 다시 잔디가 깔리게 되었다.

섬백리향 Thymus quinquecostatus var. magnus은 마당보다는 경사지의 토양 유실을 막는 용도에 더 잘 맞는 것 같다. 진입로의 수국길 아래 흙을 붙잡을 요량으로 심은 섬백리향은 이른 봄에 자동차의 창문을 내리고 잠시 쉬어 가게 하는 마법 같은 향기를 선사해 준다.

## 섬백리향을 뽑아내고 다시 잔디로

"그립고 아쉬움에 가슴 조이던
머언 먼 젊음의 뒤안길에서
인제는 돌아와 거울 앞에 선
내 누님같이 생긴 꽃이여"

우리 집 앞마당을 생각할 때마다 떠오르는 서정주 시인의 '국화 옆에서' 중 한 구절이다. 천둥 같은 질풍노도의 시기를 지나서 이제는 너그러운 마음으로 잔디를 살필 수 있게 되었다. 봄이면 거름도 뿌려 주었고, 빗물이 고였던 땅에는 흙도 메워 주었다. 파릇파릇 새싹이 나기 시작하면 로봇 잔디 깎기를 작동시켰고, 가위로 가장자리를 잘 마무리 해 주었다. 잡풀 없이 건강하게 잔디를 키우기 위해서는 첫째도, 둘째도, 셋째도 자주 잘라 주는 일 밖에 없다는 사실도 알게 되었다.

다시 잔디로 돌아오기까지 험난한 과정을 겪은 덕분에 잔디의 새로운 가치를 알게 되었지만 마당마저도 예외 없이 시행착오를 겪는구나 싶은 생각에 맥이 빠지기도 했다. 역시 나에게 정원은 실패를 거쳐야 겨우 한 발짝 나가는 영역이다. 가드닝은 나에게 절대 지름길을 보여 주지 않는다. "진정으로 소중한 건 쉽게 얻어지지 않아!" 잔디가 내게 해 준 말이다.

# 정원에는 꽃과 나무만 있는 게 아니다

| 에지와 셰드의 효용에 관하여

아파트 생활에 익숙해지기 전, 학창시절에 살았던 집에는 항상 마당이 있었고, 꽃밭이 있었다. 그 안에는 장미꽃도 있고, 국화꽃도 있고, 봉선화Impatiens balsamina·깨꽃Salvia splendens·유카Yucca도 꽃을 피웠던 것 같다. 그리고 꽃밭 주변으로는 한 뼘도 안 되는 길이의 채송화가 꽃밭을 둘러싼 붉은 벽돌에 턱을 괴고 올망졸망 여름 내내 피어 있었다. 그 벽돌은 대부분 45도 각도로 비스듬하게 세워져 있었고, 때로는 벽돌을 대신해 제법 큰 돌들이 꽃밭의 경계석 역할을 하기도 했었다.

그러나 10여 년 전, 처음으로 찍박골에 화이트가든을 만들 때, 그 벽돌 경계석은 내 머릿속에 없었다. 머릿속은 온통 사시사철 푸른 잔디밭을 배경으로 흰 꽃들이 가득 채워진 그림 같은 화이트가든만 있을 뿐이었다. 흰색 꽃이 피는 장미, 구절초, 작약을 심으면 시싱허스트의 화이트가든이 만들어지리라 생각했다. 그리고 흰색 꽃이 피는 식물들을 심었다.

봄에 정원을 조성하고 서너 달이 지나고 여름이 되자 꽃밭인지 잔디밭인지 풀밭인지 구별할 수가 없었다. 깎아 주지 못한 잔디는 손바닥만큼 자라서 정원으로 기어 들어갔고, 뿌리로 번식하는 초롱꽃은 정원 밖으로 기어 나왔다. 정원에서 장마를 넘긴 식물들은 잔디

위로 쓰러졌고, 그 잔디는 물러서 녹아 버렸다. 사방에서 솟아 나온 눈치 없는 잡초들은 배신과 혼란이 난무하는 춘추전국시대를 만들어 버렸다. 잔디와 정원식물, 그리고 잡초는 서로의 영역을 인정해 주는 성숙한 철학도 없이 본능대로 세勢를 불리기에만 급급한, 생존 본능 '멘탈'만으로 살아가고 있었다.

초기에 조성한 정원이라 부족한 점이 많지만, 가장 부실한 건 경계 부분이다. 주변에 널린 돌들로 세운 에지는 잔디와 정원에서 흘러내리는 흙과 돌 틈에 심은 할미꽃 때문에 늘 정신이 사납다.

그러다 다음 해에 어느 정원학교 수업에서 배운 대로 잔디밭과 정원의 경계에 'V'자로 골을 팠다. 가르마처럼 정원과 잔디밭이 산뜻하게 구별되었다. 그러나 얼마 지나지 않아 흙이 차오르고 다시 경계가 모호해졌다. 이들은 부부도 아니면서 칼로 물 베기처럼 어물쩍 하나가 되어 가고 있었다. 그 후에 잔디밭으로부터 정원을 구분 짓는 에지edge를 설치했다. 처음 사용했던 플라스틱 에지는 한 해가 지나자 찢어지기 시작해 다시 개비를 했다. 윗부분이 말려 있는 제법 탄탄한 에지로 바꾸고 나서야 정원과 잔디 사이에 평화가 찾아왔다.

피부 관리의 기본이 세정이듯, 정원 관리의 기본은 깔끔함이다. 에지만 제대로 설치해도 깔끔함을 위한 많은 부분이 해결된다. 어디까지가 윗도리고, 어디까지가 바지인지, 어디까지가 신발인지 구별이 안 되는 힙합 스타일은 정원에서는 'no thank you'다. 오히려 2:8 가르마처럼 단정한 기본 틀에 자연스럽게 식물을 식재해야 구질구질함과 자연스러움 사이에서 방황을 끝낼 수 있다. 그래서 가드닝에 관해 묻는 사람들에게 나는 '첫째는 흙이요, 둘째는 에지'라고 답한다. 스틸, 알루미늄, 플라스틱, 벽돌, 방부목 등 다양한 소재가 있지만, 얇은 플라스틱 빼고는 다 내구성이 좋다.

두른 지 10년이 지나가고 있지만 5센티미터 두께의 방부목 에지는 땅속에 묻혀 있었음에도 불구하고 걱정과는 달리 아직도 멀쩡하다. 스틸을 에지로 두른 곳에서는 예상치 못한 일이 생겼다. 쇠의 특성상 더운 여름에는 늘어나고 추운 겨울에는 수축하기 때문에 매끈하지 않고 쭈글쭈글해진다. 그래서 기찻길처럼 스틸끼리 간격을 살짝 두어야 할 것 같다.

플라스틱으로 정원의 테두리를 두른 화이트가든과 철제로 두른 댄싱가든의 모습이다. 가드닝 햇수가 쌓일수록 에지edge의 수준이 높아져 갔다. 초기에 조성한 앞마당정원 테두리의 돌은 매년 마음으로만 뽑아내고 있다.

식물은 정원을 풍성하게 해 주지만 복잡하게도 한다. 그래서 정원디자인의 레이아웃은 단순하게 하고, 길의 포장재료는 한두 가지 소재로 최소화시키고, 정원의 경계는 분명하게 해야 한다. 그러면 정원이 더 풍성해 보이고 대담해 보인다.

바람에 날아간 셰드(위)와 땅에 고정시킨 셰드(아래). 정원을 구상할 때 빠뜨리지 말아야 할 것이 셰드와 에지다. 최근에 조성한 숲자락정원과 댄싱가든에는 셰드가 없어 항상 농기구를 가지고 다녀야 해서 아쉬움이 있다. 넓은 정원이라면 두세 군데에 정리대를 두는 것도 좋다.

정원의 '단정함'을 추구하려 할 때 빼놓을 수 없는 것들이 있다. 바로 갖가지 농기구다. 찍박골정원에는 주방 살림 못지않게 자질구레한 도구들이 항상 널브러져 있었다. 호미, 낫, 쇠스랑, 삽, 고추대, 끈, 녹화마대를 비롯해 이름도 모르고 용도도 모르는 농기구들이 온 집안에 널려 있었다. 일하는 시간보다 준비물 챙기는데 시간이 더 걸렸다. 비가 오면 비를 맞고, 맑은 날은 햇빛에 삭고, 눈이 오면 꽁꽁 얼어붙는 등 갖은 풍상에 삶이 고달파 보였다. 겨우내 하얀 눈 속에 묻혀 있다가 눈이 녹으면서 맞이하는 봄은 가슴 설레게 하는 계절이 아니었다. 눈 속에 묻혀 있던 온갖 농기구와 비닐포대, 기계 부속들이 유물처럼 속속 드러나는 세상 심란한 계절이었다.

그러다 작은 셰드를 만들었다. 농기구도 걸고, 물뿌리개도 걸고, 비닐포대도 나란히 정리할 수 있는 정리대를 만들었다. 몸체는 나무로 만들고 지붕은 양철로 만들어서 시간이 가면서 살짝 녹도 슬고 찢어진 청바지처럼 가장자리가 너덜너덜해져서, 하얀 수염과 온화한 주름으로 세월을 멋지게 입은 숀 코너리처럼 우아하게 나이가 들어 주길 바랐다. 그러나 태풍이 강하게 불었던 어느 날, 정리의 희망이었던 작은 셰드가 주렁주렁 걸고 있던 농기구들과 함께 날아가 버리는 참사가 일어났다. 멋진 노년의 '숀 코너리'는 그 후로 여기저기 바람을 피해 옮겨 다니다가 결국 해체되는 수순을 맞았다. 그러고는 아예 정자처럼 셰드를 지었다. 드디어 평화가 찾아왔다.

상추도
물만 먹고 살지는
않는다

| 텃밭정원 가꾸기도 농사인지라

내 정원의 역사는 찍박골정원의 시작보다 훨씬 오래전에 시작되었다. 서울에 살 때 상추랑 고추와 씨름하며 애만 태우다 끝낸 일이 있었다. 당시 나의 서울 생활은 일이 전부였지만 옥상이 있는 아파트 꼭대기 층을 보자마자 홀린 듯 계약을 하고 이삿짐도 정리하기 전에 상추 심을 플랜터planter, 화분부터 짜 맞추었다. 일밖에 모르던 내 인생에 17제곱미터5평짜리 옥상은 새로운 세상을 열어 주었다. DNA 속에 숨어 있던 가드닝 유전자가 세상 밖으로 나오는 순간이었다.

상추, 고추, 쑥갓 그리고 몇 가지 원예종 식물을 심었던 것 같다. 이삿짐 정리는 뒷전이고 아침마다 상추에게 문안 인사를 드리고, 저녁에도 상추에게 취침점호를 하는 것으로 일과를 마쳤다. 생전 처음으로 근무 중에 빠져나와 상추 한 포기 한 포기마다 계분을 한 주먹씩 넣어 주고 들어갔다. 아침저녁으로 물 주는 것도 거르지 않았다. 그런 열정에도 불구하고 한달 동안 상추는 자라지 않았다. 1센티미터도 자라지 않았다. 무심코 지나쳤던 주말농장의 상추는 배춧잎만 하게 잘도 크고 있었다. 그렇다고 내 옥상의 상추가 시들거나 죽지도 않았다.

사람들은 물을 매일 주어서 그렇다고도 하고, 옥상이라 너무 뜨거워서 그렇다고도 하고, 거름이 부족해서 그렇다고도 했다. 그래서 우산도 씌워 주고, 계분도 한 주먹씩 넣어 주고, 물도 하루 한 번씩만 주었지만 끝내 상추는 자라지 않았다. 그러면서 90일이 수명이라는 상추는 늙어 갔고, 그 뒤는 기억나지 않는다. 그 무렵 내 관심사는 오직 상추였고, 식사를 할 때도, 쉬는 시간이나 회의 중에도 '내 상추는 왜 안 크지'였다. 어느 날, 한 직원이 "곤충계에 파브르가 있다면, 상추계에는 김경희가 있다"고 해서 한바탕 웃다가, 정신이 났다. 손주와 강아지 사진을 자랑하면 1만원이란다. 동영상은 5만원이란다. 생각해 보니 손주와 강아지 사진만 밉상이 아니었다. 내 상추도 그랬을지도 모르겠다.

오랜 시간이 지나고 알게 된 사실이 하나 있다. 상추는 그 플랜터를 맞춘 꽃집에서 인공 흙과 상토를 채운 화분에 모종을 심어 가져 온 것이었다. 상토는 씨앗이 발아할 수 있는 최소한의 양분만 들어 있어서 채소를 키울 수 있는 흙이 아니라는 걸 나중에 알았다. 우연히 들른 꽃집 아주머니에게 자라지 않는 상추 이야기를 했더니 플랜터 하나에 라면 봉투 절반씩 계분을 넣어서 흙과 섞어 주라는 금쪽 같은 조언이 돌아왔다. 이 조언으로 비로소 '상추의 난'은 끝이 났다.

하지만 찍박골로 이사를 오면서 조성한 텃밭도 별반 다르지 않았다. 농사는 하루아침에 잘할 수 있는, 그리 녹록한 일이 아니었으므로. 셀러리는 여름을 나면서 막대기 수준으로 단단해졌고, 겨자채는 지분을 절대 나누어 주지 않는 벌레들만의 훌륭한 먹을거리가 되었고, 호박 덩굴은 1미터도 크지 않은 채 가을을 맞이했다. 그럼에도 불구하고 저녁 무렵이면 텃밭에 나가 상추며, 깻잎이며, 대파며, 계란까지 바구니 한가득 반찬거리를 담아 왔다. 석양빛이 얼굴을 비추고,

← 당근, 양배추, 양파, 대파 등은 봄에 심어 가을에 수확하기 때문에 그때까지는 잔손질이 필요 없는 채소들이다. 또한 저장성도 좋아 겨우내 두고 먹을 수 있어서 텃밭 채소로는 '머스트 해브 아이템'이다.

↓ 텃밭을 가꾸기 시작한 이후로는 채소를 구입하지 않는다. 내 텃밭에서 나온 채소는 맛과 향이 있기 때문이고, 땅과 우리 사이의 동료 의식 같은 감정이 생겨기 때문이다. 왠지 마트에서 채소를 구입하면 내 텃밭을 배신하는 것 같은 유치한 느낌이 든다.

찍박골정원을 방문한 어느 화가가 텃밭 한가운데 놓인 너와 지붕의 정자를 보고는 한계령 휴게소 같다고 했다. 그리고 찍박골정원의 분위기와 잘 어우러진다고 했다. 과찬인 줄은 알지만 그 표현과 감상이 너무 맘에 들었다.

저녁 반찬거리들을 비출 때면, '세상에 이런 호사가 있을까?' 혼자서 감동하곤 했다. 어느 호텔 식사가 이만할 것이며, 어느 미슐랭 식당의 스테이크가 이만하랴! 이 평화로운 나른함에 가슴이 벅차오르곤 했다.

그러나 온 정신이 '꽃'에 꽂혀 있는 내게 텃밭은 후순위 채권 같은 영혼 없는 상추밭이었다. 드디어 2022년, 겨우내 수능 공부를 하듯 텃밭을 공부하더니 삽이 들어갈 정도로 땅이 녹기 시작하자 남편은 텃밭을 접수했다. 땅을 높여서 베드beds, 채소 등을 가꾸는 화단를 만들고, 퇴비와 적절한 비율로 섞은 흙을 채우고, 관수시설을 설치하고, 비닐 멀칭을 하고, 퇴비함을 만들고, 지지대를 세웠다. 평소의 남편답게 흠잡을 데 없이 거의 완벽한 수준의 텃밭정원을 완성했다.

텃밭을 만들고, 심고, 관리까지 해 주는 머슴 아닌 머슴이 생긴 기념으로 은근히 꽃을 좋아하는 남편을 위해 메리골드*Tagetes*와 제라늄*Pelargonium*을 심어 주었다. 찍박골정원의 텃밭에서는 봄부터 양귀비*Papaver*, 접시꽃*Alcea rosea*, 클레마티스*Clematis*, 밥티시아*Baptisia*, 메리골드 등의 꽃이 다양한 채소 옆에서 철철이 교대로 피어난다. 농사를 지으면서 부리는 최고의 여유이자 사치라 생각했다. 남편의 조직원이 된 텃밭에서는 오이, 호박, 토마토, 상추, 대파 등이 어설프기는 하지만 먹을 수 있을 정도로 나와 주었다. 이보다 더 좋은 건 농사짓는 사람만 알아보는 '가장 맛있는 때'에 맞추어 남편이 반찬거리를 뽑아다 주는 것이다. 오늘은 호랑이콩, 내일은 오이와 호박잎, 다음 날은 고추와 토마토. 남편은 '오늘의 메뉴'를 결정하는 셰프가 되었다. 저녁 반찬거리 걱정이 사라졌다.

# 유실수는
# 정원수가 아니다

| 나는 왜 어떤 나무를
| 심으려 하는가

많은 사람이 그러하듯 나도 과일이 열리는 나무에 대한 환상이 있었다. 유실수는 봄이면 꽃이 피고, 여름에는 열매를 주고, 가을에는 근사한 단풍을 주는 일석삼조의 가치가 있는 나무라고 생각했다. 사과는 가을에 텃밭에서 수확한 당근을 섞어서 아침에 즙을 짜 먹고, 감은 껍질을 벗겨 실에 주렁주렁 매달아 놓으면 소복하게 내린 하얀 눈을 배경으로 꽃 사진보다 더 눈부신 사진의 주인공이 되어줄 것이고, 포도는 서리가 내릴 때까지 두었다가 적당하게 수분이 빠져서 당도가 절정에 달하면 와인을 담가 보리라 생각했다. 그러고 나서는 자두나무, 꽃사과나무, 포도, 사과나무, 배나무, 머루, 으름덩굴, 모과나무, 감나무, 매실나무 등 만나는 대로 유실수를 사서 심었다.

그런데 심고 나서 몇 년이 지났는데도 곶감이고 사과고, 먹을 수 있는 열매는 구경도 못하는 신세가 되었다. 으름덩굴과 매실나무, 감나무와 모과나무는 월동하지 못한다는 사실을 한두 번의 겨울을 나면

감나무가 겨울을 나지 못하는 영서지방과는 달리 영동지방 속초에는 감나무가 지천이다. 속초에 사는 오경아 디자이너의 집에는 수십 년 된 감나무가 살고 있다. 얻어 온 감 한 박스를 죄다 깎아서 매달고는 겨우내 오며 가며 곶감 빼먹듯 모조리 빼먹었다.

유실수는 정원수가 아니다

모과나무가 몇 해 동안 인제의 겨울과 싸우다가 드디어 7년 만에 처음으로 열매를 세 알 맺었다. 처음에는 열 알 정도 매달았는데, 태풍이 올 때마다 두서너 개씩 떨어져 버리더니 끝까지 살아남은 아이가 겨우 세 알이었다. 그 못난 모과를 꿀에 재워 한 방울도 안 남기고 먹어 치웠다. 오는 손님마다 모과차뿐만 아니라 모과 자랑도 빼먹지 않았다.

서 알게 되었다. 이 와중에도 의도하지는 않았지만 자리를 잘 잡은 모과나무는 아직까지도 잘 버텨 주고 있다. 모과나무는 하루 종일 해가 비치고 북풍을 막아 주는 산자락 앞, 바람을 또 한 번 막아 주는 석축 앞에 자리를 잡았다. 물론 뒷걸음질하다가 쥐 잡은 격이다. 그렇게 8년을 버틴 모과나무는 2020년도 부터는 열매를 내준다. 많은 해에는 10개 남짓, 적은 해에는 4~5개 정도. 해거리를 하는 것 같다. 그래도 매년 꿀에 잰 모과차는 인제 산골의 추운 겨울을 위로해 주는 근사한 먹을거리가 되었다. 나머지 남부 수종들은 모두 떠났다.

월동만이 유실수의 문제는 아니었다. 대부분의 귀촌자가 그러하듯 농약, 비료, 살충제, 살균제 등의 화학제품들은 가까이하기에는 너무 먼 당신이었다. 심리적인 거부감도 문제지만, 무엇을 언제 어떻게 사용해야 하는지를 모르기 때문이다. 우리 집의 전前 주인도 마찬가지여서 찍박골에서는 20년 넘게 화학제품을 사용하지 않았다. 그리고 유실수가 병충해에 취약해 농약을 뿌려야 한다는 생각을 했으면 아예 심지 않았을지도 모르겠다.

텃밭정원에 심은 나무가 꽃을 피우지 못하고 살구인지 자두인지 모를 열매를 맺었다가 익지도 못하고 모두 떨어져 버리는 일이 6~7년 반복되었다. 어떤 사람은 자두나무라고 했고, 또 어떤 사람들은 살구나무라고 했다. 그러나 열매를 본 적이 없기 때문에 그 나무의 정체는 거의 스파이 '마타하리' 수준이었다. 결국 나무가 시름시름 앓기 시작했다. 봄에 생긴 진딧물한테 이파리가 모두 공격을 받아 초여름이면 이파리의 반 이상이 떨어져 버렸고, 늦여름 정도면 거의 이파리가 남아 있지 않았다. 결국 그 나무는 몇 년 동안 광합성을 제대로 하지 못했다. 심은 지 10년 만에 처음으로 살충제와 살균제를 섞어 뿌리고 나서야 그 나무가 자두나무라는 걸 알았다. 나무가 살아났다. 돈을 주고 자두를 사 본 적이 없지만, 내 텃밭에서 수확한 자두는 서너 집 나누고도 제법 많이 남은 열매를 싹 먹어 치웠다. 맛도 맛이지만 너무 기특해서, 살아난 것이 너무 대견해서 감사한 마음으로 먹었다. 밥 먹기 전마다 기도를 올리는 마음을 처음으로 느껴 보았다. 그런데 교회에 진심인 지인은 항상 그런 마음은 아니라고 했다. 배고픈 마음이 더 클 때가 많다고 했다.

그렇게 관상용 복숭아나무도 자두나무도 살아났다. 유실수는 봄철의 진딧물뿐만 아니라 과일의 단맛 때문에 수시로 벌레들의 공격을 받는다. 그래서 농약 없이 키우기가 쉽지 않다. 생각해 보면 나는 감기약 먹으면서 나무한테는 몇 년 동안 약 한 번 안 주고 마타하리니 뭐니 했던 것인지도 모르겠다.

그런데 월동과 병충해만의 문제도 아니었다. 추석 즈음이면 탐스러운 포도가 지지대 밑으로 흘러내려서 반짝반짝 빛이 난다. 추석이 지날 때까지 나무에 매달려서 익어 가는 포도는 정말이지 짜릿할 만큼 맛이 좋다. 그러나 그때까지 기다리면 늦가을 마지막으로 용을 쓰는 말벌 때문에 벌에 쏘이거나, 아니면 벌과 8:2로 포도를 나누어야 한다. 물론 벌의 몫이 8이다. 어쩌다 잘 익은 포도 한 알 따 먹을라 치면 여지없이 포도송이 속에 숨어 있던 벌이 덮친다. 어디 그뿐인가! 벌이 먹다 만 포도 알갱이가 사방으로 떨어져서 테이블과 덱 위에서 썩어 가고, 아침저녁으로 서늘해진 기온을 이기지 못한 벌들이 죽어서 테이블 여기저기에 벌들의 시체가 한가득이다. 벌이 내 먹을거리의 경쟁상대가 될 것이라는 상상을 누가 해 보았겠나!

어떤 먹을거리든 기어이 먹게 만드는 친정엄마는 탐스러운 산딸나무 열매를 차로 마시겠다며 반으로 잘라 말렸다. 산딸나무 열매뿐만 아니라 아기 모과처럼 익어 간 명자꽃의 열매도 얇게 저며서 뜨끈한 황토방에 며칠을 말리더니 뚝딱 차로 만들었다. 그러고는 겨울 어느 날 전화가 왔다. 기미가 없어지고 피부가 고와진다며 내년에는 버리지 말고 꼭 만들어 마시라는 당부를 위해.

사과나무꽃이 피는 계절이면 어김없이 카메라를 들고 나간다. 아기 사진, 내 사진, 광고 사진, 블로그 사진, 마구 찍어 댄다. 꽃은 카메라를 불러들이는 마법을 부린다.

← 일에 절어 살 때, 《타샤의 정원》 책을 선물로 받은 적이 있다. 좀 쉬어 가라는 의미로! 하얀 꽃을 뒤집어쓴 아름드리 꽃사과나무 아래 수선화, 크로커스Crocus, 튤립이 피어 있는 앞마당 사진이 기억난다. 그런 꽃사과나무를 키우고 싶었다. 큰 바위 얼굴처럼 점점 닮아 가고 있다.

↑ 키친가든에 사는 산수유는 정말 '못난이' 나무였다. 정원을 늦은 봄에 조성하는 바람에 쓸 만한 나무가 없기도 했고, 그 지역에서 견디는 나무를 구해야 한다는 의견 때문에, 선택지가 별로 없는 인제5일장에서 나무를 샀다. 그러나 독립수로 10년을 자라더니 미스코리아 깜냥이 되었다.

또한 유실수 키우기를 어렵게 하는 일 중에 하나가 전정이다. 일반 정원이나 텃밭에서 키우기에는 덩치가 커서 매년 전지를 해도 매년 엄청나게 자라난다. 게다가 열매를 맺는 나무라 꽃을 보기 위해 키우는 나무처럼 전지를 하면 열매가 안 열리기도 하고, 못난이 열매만 맺는 때도 있다. 훌륭한 열매를 맺을 수 있는 전지는 정원수 전지와는 또 다른 분야의 일이다. 이건 진정 선수들의 영역이다.

그 밖의 이유로 실패한 나무는 산수유다. 월동도 잘하고, 낙엽도 아름답고, 병충해도 없는데 아직까지도 열매를 본 적이 없다. 꽃이 피고 난 뒤 늦서리를 맞으면 열매를 수확할 수 없다는데, 5월 초까지도 서리가 내리는 강원도에서 산수유는 애당초 유실수가 아니었던 것이다. 유실수 키우기가 어려운 이유는 차고도 넘친다. 내가 유실수를 미워하는 것은 아니지만, 워낙 나무를 모르는 상태에서 시작한데다가 열매를 쉽게 내어 주지 않는 괘씸죄가 더해졌기 때문이리라.

나무를 고를 때는 목적이 있어야 한다. 그늘목으로 쓸 요량인지, 정원수인지, 차폐용인지, 겨울 경관용인지 등에 따라 선택할 수 있는 나무가 달라진다. 정원에는 아무래도 소교목이나 그늘을 덜 드리우는 나무가 좋다. 산수유가 열매를 맺지 못한다고 투덜거렸지만, 정원수로는 아주 좋은 나무다. 일단 덩치가 작아 그늘을 많이 드리우지 않아서 아래 살고 있는 초화류에게 적당한 빛과 적당한 그늘을 제공한다. 열매를 맺지 않는다는 건 정원을 가꾸는 입장에서는 오히려 좋은 일이다. 열매가 수도 없이 떨어져서 싹을 틔우면 이것도 일일이 뽑아 주어야 하는 노동이 또 필요해지기 때문이다.

정원에 적당한 유실수는 병충해 내성이 강해야 하는 건 필수이고,

꽃이나 열매 중 하나가 좋으면 OK! 단풍은 옵션이다. 각 조건에 1점씩 배정한다면 4점 만점 중 최소 3점은 되어야 내 정원에 들어올 수 있다는 게 내 기준이다. 이렇게 보면 산수유, 준베리, 보리수나무, 아로니아, 앵도나무, 다래, 머루, 블루베리, 꽃사과나무 등이 3점 이상인 나무들이다. 만점은 아니지만 꽤 높은 점수인데, 심어 볼 만하지 않을까?

# 닭 키우기마저도 '산 교육'

| '동물 키우기' 로망은
| 실현될 수 있을까

찍박골로 이사 오면서 텃밭정원을 만들었다. 그리고 그 안에 그림같이 예쁜 닭장을 들였다. 날이 따뜻해진 봄날, 시골 장터에 나가 병아리 여섯 마리를 사 와서 키우기 시작했다. 닭집이 있고 울타리를 세워 놓았으니 그 안에서만 살 줄 알았던 닭들은 텃밭이고 마당이고 정자고, 산에까지 놀러 다녔다. 물론 텃밭의 채소도 남아나지 않았다. 텃밭 가운데 위치한 정자에 놓인 테이블도 그들의 놀이터에 불과했다. 어쩌다 손님들과 식사라도 할라치면 어김없이 밥상에 날아들어와 한바탕 법석을 치르게 하는 테러리스트들이었다. 그리고 분명 닭장에 달걀을 낳는 어두운 산란실을 만들어 주었건만 닭은 항상 석축 사이사이 우거진 잡풀더미 속에 알을 낳곤 해서 발견했을 때에는 이미 썩어 있기 일쑤였다. 가장 치명적인 것은, 여섯 마리가 배출하는 배설물 냄새! 태어나서 처음 겪어 보는 고약한 경험이었다. 옆집 할머니네로 닭을 입양 보내는 것으로 첫 번째 닭을 키우는 일은 막을 내렸다.

하늘이 푸르른 어느 가을날, 솔개가 하늘을 빙빙 돌더니 집 근처 나뭇가지에 앉아 숨을 고르고 나서는 순식간에 닭을 낚아채 가는 일도 있었다. "저리 가!" 소리치는 것 말고는 아무것도 해 줄 게 없는 인간의 나약함에 자괴감이 들었다. 닭 한 마리 때문에 하루 종일

촬영용으로 사용한 닭장은 촬영이 끝나고도 내 놀이터였다. 닭들이 집 안에서 나온 음식물 쓰레기를 처리해 주기도 했고, 닭들이 먹는 모습, 투덕투덕 다투는 모습, 조는 모습을 바라보고 있노라면 시간이 훌쩍 도둑맞은 것처럼 지나가곤 했다.

마음이 언짢았다.

몇 해 전에 찍박골정원에서 두 달 넘게 SBS의 예능 프로그램 〈리틀 포레스트〉를 촬영했다. 한 번 촬영할 때마다 150명가량의 스태프들이 동원되고, 수십 대의 방송 관련 차량이 오고, 인터넷에서나 보았던 밥차가 오고, 생수가 마트 수준으로 들어왔다. 촬영 전에 집안에 있던 침대·소파·책상 등의 가구와 오디오·그림·사진·골동품 등의 귀중품을 이삿짐센터와 갤러리로 보냈다. 이 순간부터 후회가 밀려왔다. 마당에 촬영 세트를 짓고, 타프와 거치대를 만들고, 닭장을 지을 때까지는 신기하기도 하고, 내심 촬영 세트를 공짜로 얻을 수 있겠다는 계산과 이승기·이서진 씨를 가까이서 볼 수 있다는 설렘도 있었다. 하지만 가재도구들이 집 밖으로 나가는 수순이 진행되자 '급 후회'가 되기 시작했다. 그렇게 두 달 반 동안의 촬영이 끝나고 집안이 정리되자 드디어 안정이 찾아왔다. 그리고 손에 남은 건 예상대로 야외 주방과 호텔급의 닭장이었다. 물론 촬영용으로 기르던 닭과 토끼도 남았다. 토끼는 이웃집 할아버지에게 입양시키고 남아 있던 닭을 계속 길렀다.

한달살이를 하러 온 친정엄마는 능숙하게 텃밭에서 나온 허드레 채소와 주방에서 나온 음식물 쓰레기를 쑥쑥 썰어 넣고 옥수수와 잡곡과 사료를 섞어 홈메이드 먹을거리를 만들어서 닭에게 먹였다. 이걸로 부족했던지 열 마리가 넘는 닭들은 운동장에서 아무렇게나 자라던 풀까지 먹어 치웠다. 제법 넓은 닭장 안에서 자라던 풀을 모조리 뜯어 먹고는 씨까지 먹어 치워서 다음 해에는 풀이 한 포기도 나지 않았다. 반질반질 깃털에 윤기가 돌았고, 볏에도 건강하게 붉은 기가 돌았으며, 심심찮게 싱싱한 달걀도 낳아 주었다.

닭과 나 사이에는 아무런 문제가 없었다. 문제는 집에서 풀어서 키우는 풍산개. 〈동물의 왕국〉에서나 보았을 법한 닭과 개의 목숨을 건 혈투로 닭장 주변은 '킬링필드'가 되곤 했다. 6.6제곱미터2평짜리 지붕과 벽으로 막힌 닭장이 있고, 132제곱미터40평 정도 되는 닭 운동장이 있는데, 나는 닭을 운동장에 풀어서 키우고 싶었다. 그런데 한 달에 서너 번 정도는 꼭 사달이 나고야 말았다. 닭장 울타리를 벗어난 닭이 닭장 주변을 맴돌던 풍산개한테 잡아먹히는 일이 일어나는 것이었다. 산중에 살고 있었기 때문에 주변의 맷돼지나 고라니, 그 밖의 야생동물로부터 보호를 받기 위해서는 사냥 본능이 강한 진돗개나 풍산개가 필요했다. 매달 비용을 지불하는 세콤보다 훨씬 나은 선택이었다. 그렇게 몇 년째 풍산개를 키우고 있고, 덕분에 10년 이상 텃밭이고 정원이고 야생동물들에게 침범당해 본 적이 없다. 그런데 그런 야생성이 강한 개는 닭에게는 치명적인 포식자였다.

닭은 본능대로 아침이면 홰를 치는데, 반드시 높은 곳에 올라가서 '꼬꼬댁' 하고 운다. 울타리는 닭들이 아침마다 홰를 치며 칼칼한 울음소리를 내뱉는 장소가 되었다. 하지만 울타리에 있던 닭은 울고 나서 울타리 안으로 들어가면 목숨을 부지할 수 있고, 울타리 밖으로 떨어지면 기다리고 있던 풍산개에게 잡아먹히게 되었다. 울타리가 닭들에게는 삶과 죽음의 경계 같은, 아슬아슬한 교도소 담장 같은 곳이 되었던 것이다. 달걀을 얻을 욕심으로 초란을 낳기 시작하는 닭을 사다가 넣어 주면, 풍산개한테 잡아먹히고, 또 넣어 주면, 또 잡아 먹히는 악순환이 반복되다가 결국 닭 기르기를 포기했다. 그때까지 남아 있던 네 마리의 닭을 옆집 할머니에게 인계했다.

찍박골정원

지금 그 예쁜 닭장은 비어 있다.

그늘이 필요해서 나무도 심어 주고, 놀이터용으로 바위도 놓아 주고, 간식으로 먹으라고 심어 주었던 자두나무도 그대로 있다. 때때로 닭도 나의 '산 교육'의 일부였던 것이 아닐까 싶어 자책하는 마음이 들기도 한다. 결과적으로 동물학대나 동물실험 뭐 이런 것이 아니었을까, 하는 죄책감 말이다. 그래서 닭이 울타리를 벗어나지 못하게 지붕을 만들어서 풍산개로부터 안전한 우리가 되면 그때, 다시 동물복지의 모범이 되는 닭 키우기에 도전해 볼까 한다.

↑ 비가 오거나 눈이 오면 닭들은 처마 밑에서 기다리고 밖으로 나오지 않는다. 방과 후에 쏟아지는 비를 피해 학교 건물 처마 밑에서 친구들과 나란히 서서 기다리던 것과 똑같은 모습으로 서 있다.

↓ 닭은 나뭇가지로 날아 올라가서 졸기도 하고, 웅크리고 앉아 있기도 한다. '닭이 조류였구나!' 교과서에서 배운 내용이지만, 실제로 보면 아주 신비한 비밀을 보는 것 같다.

# 나의 시행착오는
# 아직도 진행 중

## 식물보다 흙이 먼저

2022년은 익스트림 스포츠를 하는 것처럼 다이내믹한 날씨를 경험한 해였다. 봄에는 한 달 훌쩍 넘게 비가 오지 않더니, 여름에는 거의 두어 달간 장마가 계속되었다. 봄에는 좀새풀 '픽시 파운틴', 스타키스 '램즈이어' 그리고 내건성의 끝판왕인 네페타까지, 모두 풍성함을 잃고 천정에 매달려 하룻밤을 지낸 가스 풍선처럼 추레하게 쪼그라져 있었다. 흙만 믿고 물을 주지 않은 게 패착이었다. 또 여름이 되자 배초향, 펜스테몬 *Penstemon*, 페로브스키아 *Perovskia*, 그리고 믿었던 에키나시아 팔리다 '훌라 댄서'마저도 한여름 습기에 맥을 못 추고 사라져 갔다.

7월까지만 해도 허리까지 키가 자란 분홍색 아스틸베가 자랑이었다. 정원의 파수꾼처럼 굵직한 허벅지를 자랑하며 우뚝 서 있는 아스틸베와 보라색 살비아 *Salvia*는 7월 정원의 백미였다. 그러나 장마가 장장 50일 동안 지속되자 식물들은 웃자라고, 쓰러지고, 녹아내렸다. 흙은 항상 젖은 빨래처럼 축축한 상태였는데, 그 속에서 내 식물들은 얼마나 끈적거렸을까? 건조기라도 틀어서 말려 주고 싶었다. 퇴비를 듬뿍 넣어서 기름지게 만든 흙은 두 달간 지속되는 장마에 오히려 약이 아닌 해가 되었다. 그래서 또 한 번 흙을 고민하고 있다.

찍박골정원에서 처음으로 만들었던 정원은 텃밭정원이다. 흙에 관해 아무런 고민도 생각도 계획도 없이 상추와 배추부터 심었다. 물론

2022년에 새로 리모델링을 한 텃밭정원은 베드를 높여 땅을 돋우었다. 작물의 성장에서 가장 중요한 요소는 물 관리, 즉 배수가 좋아야 한다는 점이다. 두둑을 높여서 식물을 심으면 배수는 아주 좋아지지만 가뭄을 탄다. 그러나 물이 부족하면 물은 주면 된다. 이렇게 한 덕분에 기나긴 장마에도 토마토를 늦여름까지 먹을 수 있었다.

잘 자라지도 않았고, 배추는 그 당시 텃밭에 동거인으로 거주했던 닭들의 식사였다. 겨자채는 〈인디아나 존스〉에서나 볼 법한 벌레들이 우글거리는 벌레들의 파티장이었다. 먹을 게 거의 나오지 않았던 텃밭의 흙을 바꾸기 시작한 건 정원을 조성한 이듬해부터였다. 어쩌다 들른 이웃집 할아버지의 열 가지도 넘는 지적 중에 가장 먼저 한 일은 퇴비를 넣는 일이었다. 1년간 잘 썩어서 익은 퇴비를 넣고 키우니 텃밭정원에서 제법 먹을거리가 나왔다. 신기하기도 하고 대견하기도 해서 거의 매 끼니 상추쌈을 먹고 있는데, 또 어쩌다 들른 할아버지의 지적이 이어졌다. "상추가 흙에서 자라지 퇴비에서 자라나?" 퇴비가 너무 많다는 말이었다. 이미 채소는 흙 속에 뿌리 내리고 자라고 있었고, 농사지어서 장날 내다 팔 것도 아닌지라 이 정도에서 만족하는 걸로 했다. 할아버지는 위로의 말도 잊지 않았다. "내년이면 땅 좋아지겠다!"

그 다음에 조성했던 화이트가든은 마사토화강암이 풍화되어 생긴 모래 모양의 흙에 유박기름을 짜고 남은 깨의 찌꺼기을 넣고 식물을 심었다. 토양은 항상 하얀 흙이 바짝 마른 상태로 태양에 노출되어 있었다. 그런데 한낮에는 꽃들이 시들시들 고개를 숙이고 있지만 신기하게 아침이 되면 바짝 일어나 서 있었다. 물도 정기적으로 자주 주지 않았는데, 제때 꽃이 피었고 번식도 제법 잘했다. 그래도 늘 하얗게 드러난 바

봄부터 가을까지 아른아른하게 몽환적인 느낌을 만들어 주는 좀새풀 '픽시 파운틴'이 2022년에는 자취를 감추었다. 그 해에는 봄에 40일 넘게 비가 오지 않았고, 여름에는 70일 넘게 장마가 계속되었다. 장마 때문인지 가뭄 때문인지는 잘 모르겠지만 여러 자료를 보면 가뭄 때문인 것 같다. 좀새풀이 말해 주지 않으니 정확한 이유는 알 수 없다.

꼬리풀, 양귀비, 큰꿩의비름은 모두 건조에 강하면서 웬만한 습기에도 잘 견딜 수 있다. 의외로 숲 자락에서 살고 습기를 좋아하는 식물로 알려진 매발톱Aquilegia vulgaris 'Clementine White'이 척박하고 건조한 곳에서도 잘 자란다. 202쪽 위부터 시계 방향으로 오리엔탈양귀비Papaver orientale, 큰꿩의비름, 꼬리풀. 203쪽 사진은 매발톱.

페로브스키아는 척박하다 싶을 정도로 건조한 땅을 좋아한다. 봄이면 새싹이 나오고, 여름이면 사라지고, 또 봄에 싹이 나오고, 이렇게 3년을 숨바꼭질하다가 물이 머무를 새가 없는 경사지인 암석정원으로 옮겨 준 뒤로는 화양연화의 시기를 보내고 있다.

싹 마른 흙이 못내 아쉬웠다. 왜냐하면 대부분의 책에서 흙은 노출시키면 안 된다고 공통적으로 말하고 있었기 때문이다. 풀로 덮든, 퇴비로 덮든, 왕겨로 덮든, 낙엽으로 덮든 무엇으로든 덮어야지 흙의 맨살이 드러나면 보습성, 통기성, 잡초, 미생물 등의 문제가 발생한다는 것이다. 그래서 그다음 정원을 만들 때는 쇄목퇴비갈거나 부스러뜨린 나무로 만든 퇴비를 아낌없이 넣었다. 그리고 코코피트코코넛 껍질에서 섬유질을 제거한 뒤 가공하여 만든, 보수력과 통기성이 좋은 유기물질로 두껍게 멀칭을 했다. 한 해, 두 해가 지나면서 땅속 쇄목퇴비의 부숙腐熟이 점점 진행되고, 흙을 덮었던 유기물이 분해되자 땅은 반질반질 윤이 나며 비옥해졌다. 배수도 좋고, 물기도 잘 마르지 않았다. 모든 식물이 잘 컸지만 우단동자꽃이나 디기탈리스*Digitalis*, 페로브스키아 같은 식물처럼 건조한 토양에서 커야 하는 아이들에게는 맞지 않는 흙이 되었다.

맨흙, 건조한 흙, 비옥한 흙을 겪고 나서 가장 최근에 조성한 댄싱가든은 토양에 엄청난 정성을 쏟았다. 어쩌다 정원을 좋아하는 분들이 방문을 하면 고수인지 하수인지 알아내는 바로미터가 되어 주기도 했다. 꽃을 만져 보면 하수이고, 흙을 만져 보면 고수였다. 이건 아주 주관적인 나만의 기준이다. 정원의 꽃 못지않게 정원의 까만 흙이 찍박골정원의 자랑이 되었다. 경사가 있는 정원이었기에 배수는 크게 문제가 되지 않았지만, 그래도 몇 군데는 물길을 바로 잡아주고, 퇴비도 적당히 넣고, 발효시킨 톱밥으로 멀칭도 충분하게 해주었다. 그렇게 3년 차가 되는 해에 뜻하지 않게 두 달 연속 비가 내렸다. 습기에 약한 러시안세이지*Perovskia atriplicifolia*가 여름 내내 꽃을 못 피웠다. 배초향도 꼬리풀도 흐느적거리고 가을철에 하늘거리는 새색시 같은 대상화의 모습도 2022년 정원에서는 보이지 않았다. 우리나라에서 정원을 가꾸려면 약간 건조한 듯하게 흙을 만들어야 하는 게 아닌가 싶다. 여름철 집중호우를 생각하면 그렇다. 그러다가도 봄철의 갈수기를 생각하면 촉촉하게 만들어야 할 것 같기도 하다. 어느 쪽에도 장단을 맞추기가 어렵지만 돌이켜 생각하면 건조해서 죽은 식물은 기억에 없다. 그리고 건조하면 물을 주면 되지만, 습하면 물을 뺄 수가 없지 않은가? 그동안 법전처럼 믿고 따라왔던 외국의 정원 자료들이 우리 기후에는 좀 과하지 않나 싶다. 멀칭도 10센티미터 대신 2~3센티미터가 적당한 것 같고 퇴비가 풍부한 까만 흙 대신 살짝 먼지가 나는 정도의 흙이 맞지 않을까 생각한다. 앞으로 강수량이 계속 많아질 것이라는데, 정원의 흙을 다시 바꿀 수도 없고. 10년이 지난 지금도 나의 가드닝 시행착오는 아직도 진행 중이다.

같은 아이리스여도 독일붓꽃 *Iris* × *germanica*(위)은 아주 건조하게 키워야 하지만, 시베리카붓꽃 *Iris sibirica*(아래)은 물속에서도 자란다. 내게 가장 어려운 식물은 적당히 건조하고, 적당히 습기를 필요로 하는 대상화 같은 아이들이다.

# 자연 속에서
# 사는 일도
# 연습이 필요하다

| 전원생활은
| 진화 중

원래 강원도는 태풍 피해를 심하게 보는 지역이 아니란다. 태풍이 일단 내륙을 통과해야 하고, 도시의 건물과 산을 지나면서 위세가 약해지기 때문이다. 그런데 찍박골로 들어오고 몇 해나 지났을까? 엄청난 태풍이 분 적이 있다. 마당에 놓아 두었던 지름 1미터가 넘는 테이블과 테이블에 꽂아 놓았던 파라솔이 통째로 날아가 강화유리가 산산조각이 났었다. 처음으로 자연이 무섭다는 생각을 하게 했던 경험이었다.

파라솔만 그랬을까? 흰 눈밖에는 볼 게 없는 강원도 산골의 겨울에 간간이 날아와서 노래하는 찍박새는 아주 반가운 손님이자 친구다. 거실 유리창에서 잘 보이는 나뭇가지에 버드피더bird feeder, 겨울에 새들에게 먹이를 주기 위한 장치를 걸고 사과, 쌀, 보리, 조, 소고기 기름, 감 등 먹을거리를 차려 주면 아침이고 낮이고 해지기 전 까지는 수시로 와서 먹고 간다. 그렇게 두 해가 지났을 때, 철제로 된 버드피더에 구멍이 나기 시작했다. 산성비를 맞으면서 삭았던 모양이었다. 그래서 사과를 매달 수 있는 버드피더를 탄화목으로 다시 만들었다. 인간의 기술이 자연의 철제를 이겼다.

전원생활의 꽃이라는 삼겹살 구이도 처음에는 웨버WEBER 바비큐

2년을 나무에 매달려서 소임을 다하던 버드 피더는 지금은 온실의 선반에 보관되어 있다. 은퇴한 축구선수처럼.

기름 많은 삼겹살을 구우면서도 불을 꺼뜨리지 않고, 그을음도 없는 노릇노릇한 바비큐를 해낼 수 있는 내공은 전원생활의 벼슬이자 자격 조건이다.

그릴을 사용하다가 직화가 아니라는 이유로 캠핑용 화로로 바꾸었다. 또 옆으로 절반 자른 드럼통으로 갈아탔다가 지금의 반구형 화로로 정착했다. '참 다양하게도 구워 먹고들 사는구나'라는 생각이 들었다. 모과나무 밑에서 바비큐를 하다가 나무 절반을 태워 먹기도 했지만, 지금은 바람을 피해 어느 방향에서 고기를 구워야 하는지, 석쇠를 어떻게 번갈아 가면서 써야 하는지, 고기에 맞게 나무는 얼마만큼 필요한지, '선수급'으로 잘 알고 있다.

이뿐이랴. 장미 아치를 생나무로 만들었다. 주홍색 장미가 올라갈 수 있는 나무 아치를 만들고 그 아래 앉을 벤치를 놓았다. 그림 같다고 감탄하면서 연신 사진을 찍어 댔다. 하지만 그 아래 벤치에는 한 번도 앉아 본 적도 없는데 불과 3년도 안 되어서 아치가 삭아서 허물어지고야 말았다. 결국 녹이 슬면서 오히려 코팅이 된다는 코르텐강내후성강판으로 나무와 똑같은 크기와 모양으로 제작해서 바꿔 세웠다. 또 아무런 화학 처리를 하지 않은 나무 울타리도 7년 만에 개비를 했다. 돌이켜 생각하면 온통 바꾼 것뿐이지만, 이게 이 산골의 삶에 적응해 온 과정 아니겠는가? 이런 우여곡절을 겪으면서 야외생활을 할 수 있는 여러 시설이 자리를 잡아 갔다.

영화 〈아웃 오브 아프리카Out of Africa〉에서 메릴 스트립의 초연한 독백이 지나고 나면 넓은 나무 덱 위의 그네에 앉아 한낮의 여유를 즐기는 장면이 나온다. 그런 덱을 갖고 싶었다. 그래서 기존 주택에 덱을 널찍하게 달았다. 그네 대신 10여 명이 앉을 수 있는 테이블과 의자를 두었다. 햇살이 따사로운 봄날부터 햇살이 성숙해지는 가을까지 대부분의 손님 접대는 이곳에서 치러진다. 이 덱 밑에서 우리 집 풍산개 '꽃님이'는 새끼를 두 번이나 출산했다. 보온 등과 보온

원목으로 만든 소품들은 '공예工藝, art and craft'의 느낌이 난다. 코르텐강 소재의 아치도 분명 핸드메이드handmade 제품이건만 그건 공예품 느낌이 나지 않는다. 그러나 원목 소재는 우리나라 기후에서는 비현실적인 로망으로만 존재하는 것 같다.

찍박골정원

← 목장 분위기를 연출하는 낮은 원목 울타리도 7년도 못 되어서 교체했다. 늘 두 마음이 공존한다. 내구성 좋은 편리함이냐? 번거롭지만 자연스러운 아름다움이냐?

↓ 우리 집 개가 두번 째 새끼를 낳을 때는 아예 덱 아래에 자리를 마련해 주었다. 첫번 째 경험을 밑천 삼아 능숙하게! 그리고 용대리 황태를 듬뿍 넣은 미역국을 끓여 주었다.

의도치 않게 생긴 야외주방이지만 오지게 사용하고 있다. 서너 명의 손님부터 시작해서 30명의 손님도 거뜬히 치러 낸다. 마당에 타프를 치고 테이블을 놓고, 삼겹살을 굽고, 텃밭에서 상추를 뜯어오면 황후의 식사가 부럽지 않은 한 끼가 된다.

담요를 깔아 산후 준비를 마쳤던 안락한 집을 놔두고 굳이 이 덱 아래에서 새끼를 낳았다. 그리고 봄이 되자 잔디밭은 꽃님이네 식구들의 캠핑장이 되었다. 뒹굴고, 뛰고, 싸우고, 부비고, 꽃님이 새끼들이 커 가는 동안 잔디는 거의 망가졌다. 짐승들이 자주 다니면 길이 나는 것과 같은 이치인 듯하다.

그리고 몇 년 전에 예능 프로그램을 촬영하면서 촬영 세트로 사용되었던 야외 주방을 존치했다. 식사 손님을 맞고, 정원 일을 하다가 시원한 물도 마시고, 커피도 마시는 우리 집 카페인데, 이 공간의 진정한 수혜자는 막내아들이다. 수시로 10명씩, 20명씩 친구를 초대해서 정원 투어를 하고, 기타와 모닥불, 바비큐가 함께하는 파티를 하며 산골의 밤을 즐기는 등 막내아들의 사교 공간이 되어 가고 있다. 1년 내내 풀 한 포기 뽑지 않는 막내아들은 찍박골정원의 진정한 정원주다. 그러나 뭐니 뭐니 해도, 야외 주방의 백미는 정원 일을 하다가 신발을 신은 채 끓여 묵은지 한 가닥 얹어 먹는 라면이다.

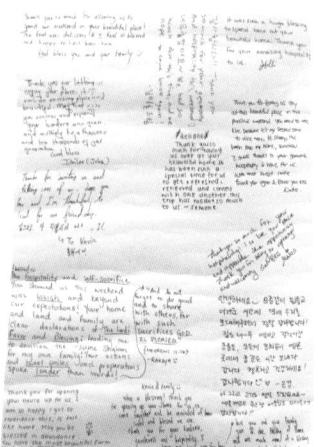

스무 명 남짓한 막내아들 친구들은 술 한 병도 없이 밤을 꼴딱 새우고는 저마다의 손글씨로 짤막한 감사 인사를 적어 두고 갔다. 그들의 친절과 감사 인사가 내 마음 깊은 곳에 남았다.

# 퇴비, 거름, 비료, 유박, 어디에 어떻게?

| 비료보다
| 퇴비와 친하게 지낼 것

강원도 산골로 내려온 첫해에 우리는 화이트가든을 만들었다. 작업하는 분들이 풀과 나무를 심으면서 항생제처럼 생긴 까만 덩어리를 듬뿍 뿌려 주는 모습을 보았다. 잘 자라라고 넣어 주는 '유박'이라고 했다. 그 후 나는 식물을 심을 때마다 잘 자라 주었으면 하는 간절한 마음과 함께 유박을 넣었다. 하지만 얼마 지나지 않아 풀들이 모두 땅바닥에 누워 버렸다. 줄기도 쓰러지고, 거기 매달린 꽃도 쓰러지고, 마라톤 골인 지점을 통과한 선수들처럼 화단의 식물들이 여기저기 널브러져 있었다.

여러해살이풀 모종을 심으면 첫해는 잘 자라지 않고 겨울을 넘겨 다음 해가 되어야 비로소 크기 시작한다고 투덜거렸더니, 꽃집 언니는 복합비료를 주라고 했다. 깨소금처럼 화단에 솔솔 뿌려 주라고 했다. 그래서 화단에 뿌려 주었는데, 얼마 지나지 않아 이파리에 구멍이 송송 나 있는 게 아닌가! 그 구멍은 비료가 이파리에 떨어져서 이파리가 타버린 것이라고 했다. 비료는 습기가 남아 있는 땅에 뿌리에 닿지 않게 거리를 두고 뿌리고, 물로 이파리에 남아 있는 비료들을 없애야 한다고 했다.

우리 부부가 상추도 못 기르고 있을 때, 동네 어르신들은 거름을 넣으라고 했다. 어느 분은 퇴비를 주라 하고, 다른 분은 요소비료를 주라 하고, 또 다른 분은 복합비료를 주어야 한다고 했다. 마치 암호 화폐나 블록체인과 같은, 도무지 딴 세상 사람들의 용어였다. 그 후로 수년이 지나고서야 퇴비와 비료의 차이를 알게 되었다.

피마자, 콩, 해바라기 등 기름을 짜고 남은 찌꺼기로 만든 펠렛 형태의 거름이다. 축분이 들어 있지 않아 냄새가 없고, 사용하기 편리해서 많이 사용되고 있지만, 발효열 때문에 생기는 피해, 독성 문제가 심심찮게 들려온다. 유박, 완효성 비료, 미네랄 비료, 자체 제작한 퇴비 등을 사용해 보았지만, 요즘에는 정원에 거름을 거의 주지 않고 있다.

### 영양분은 적지만 땅을 건강하게 만드는 퇴비

퇴비는 낙엽, 잡초, 유박, 지푸라기, 가축의 분뇨 등을 발효시켜 만든다. 발효도 부패도 둘 다 미생물이나 균이 유기물을 분해하는 것이지만, 이로운 균이 분해하면 발효, 해로운 균이 분해하면 부패라고 한다. 시중에서 판매되는 '퇴비'는 계분 같은 가축 분뇨에 풀이나 낙엽, 톱밥, 우드칩, 수피 등 식물성 유기물을 혼합해서 발효시킨 정원에는 거름보다는 멀칭이 훨씬 좋다. 습기를 유지시켜 주고, 빗물이 땅에 고르게 스미게 하고, 토양 유실을 방지하고, 잡초도 막아 주고, 영양분도 잡아 주고, 겨울에는 토양을 따뜻하게, 여름에는 시원하게 해 준다.

잘 발효된 퇴비에는 파쇄한 나무나 수피 등 원재료들이 흙처럼 잘게 부서져 있고, 일반 흙보다 색깔도 까맣다.

사과농장에서 퇴비를 뒤집는 모습. 발효열이 안개처럼 올라온다.

것이다. 이 퇴비는 영양제 기능보다는 흙이 딱딱해지지 않게 해서 공기를 잘 통하도록 통기성을 좋게 만들고, 가뭄에도 촉촉하게 수분을 오래 머금을 수 있는 보습력을 향상시킨다. 또한 비료 성분을 간직했다가 식물이 필요할 때 내주는 보비력을 증대시키고, 물을 잘 빠지게 하는 등, 흙의 물리적 기능 향상에 중요성이 있다. 즉 거름기에 상관없이 좋은 흙을 만들어 주는 기능이 주된 역할이다. 물론 영양분도 있지만 비료만큼 많지도 않고, 비료만큼 즉효가 있는 것도 아니라 조금씩 천천히 꺼내 쓸 수 있다.

**영양분은 많지만 땅을 척박하게 만드는 비료**

비료는 인공적으로 합성한 식물 영양제라 할 수 있다. 마치 사람이 먹는 비타민이나 칼슘제와 같은 영양제. 식물 생장에 필요한 질소, 인, 칼륨, 붕소, 마그네슘 같은 물질들을 식물이 빠르고 쉽게 흡수할 수 있는 형태로 만든 것이다. 비타민C가 비료라면, 비타민C가 많은 사과는 퇴비에 비유할 수 있다. 그래서 비료는 퇴비보다 효과가 빨리 나타난다. 식물들이 퇴비를 직접 먹을 수 없기 때문에 퇴비는 식물이 먹을 수 있는 형태로 변해야 하지만, 비료는 이미 먹을 수 있는 상태로 제조되기 때문이다. 비료에는 질소, 인산, 칼륨 등의 영양분이 적절한 비율로 혼합되어 있는 복합비료가 대표적이고, 질소만 담은 요소비료, 미량원소 중심의 미네랄비료, 3~6개월 정도 비료 성분이 천천히 나오는 완효성 비료 등 목적에 따라 골라 쓸 수 있는 다양한 선택지가 있다. 그리고 비료, 퇴비, 유박 등 식물의 성장을 도와주는 모든 양분을 통칭해서 거름이라 한다.

### 용도에 맞추어 쓰는 퇴비와 비료

좋은 흙은 삽질을 할 때, 삽이 푹 들어가는 흙이다. 삽이 안 들어갈 정도로 딱딱하거나, 모래땅처럼 물이 쑥 빠져 버리거나, 비만 오면 흙이 신발에 달라붙는 진흙같이 식물을 키우기 어려운 땅들은 퇴비를 넣어 푹신한 땅으로 개량할 수 있다. 이미 조성된 정원이라면 새로운 식물을 심을 때마다 퇴비를 섞어 주거나, 식물과 식물 사이에 땅을 파고 퇴비를 넣어 주면 된다. 또 우드칩, 퇴비, 왕겨, 톱밥, 낙엽 등 식물성 물질들로 멀칭을 해 주면 시간이 흐름에 따라 유기물들이 분해되고 풍화되어 흙과 섞이면서 점점 토양이 푹신해진다.

식물의 덩치를 키우거나, 꽃이 빨리 피게 하거나, 생산량을 높이고 싶을 때는 목적에 맞는 비료를 사용한다. 상업적 목적으로 식물을 키우는 게 아니고 가정집 정원을 가꿀 때는, 식물이 왕성하게 성장하는 봄에 수개월 동안 천천히 비료 성분이 나오는 완효성 비료를 한 번만 뿌려 주면 충분하다. 정원의 꽃은 양분이 너무 많으면 쓰러지고, 그렇다고 양분이 너무 없으면 식물이 부실해진다. 며느리도 모르는 그 정확한 양은 경험만이 해결해 줄 수 있다. 왜냐하면 각각의 정원마다 흙도, 기후도, 정원이 자리한 위치도, 식물의 종류도 다르기 때문이다.

다행스러운 건 정원의 풀이나 나무는 거름을 전혀 주지 않아도 죽지 않는다. 양분을 주는 일은 좀 더 많은 생산량을 위해, 그리고 식물을 좀 더 빠르고 풍성하게 키우기 위해서다. 아름다운 정원을 만들기 위해서는 양분보다는 푹신한 흙을 만드는 일이 훨씬 더 중요하다. 흙이 좋으면 정원 일도 수월하다. 물도 두 번 줄 걸 한 번만 주

물을 싫어하는 아이, 물을 좋아하는 아이, 거름을 많이 먹는 아이, 거름을 많이 먹으면 탈이 나는 아이. 정원은 저마다 체질과 식성이 다른 아이들이 모여 있는 어린이집 같다.

어도 되고, 심는 일도 뽑는 일도 수월하다. 흙이 좋으면 풀 뽑는 일도 수월해진다. 토양이 좋으면 어떤 식물도 지극정성으로 보살피지 않아도 잘 자란다. 이런 의미에서 보면 정원은 비료보다는 퇴비와 친하게 지내는 게 '남는 장사'다.

개울정원 주변에는 시베리아붓꽃 *Iris sibirica*, 리시마키아 *Lysimachia nummularia*, 감둥사초 *Carex atrata*, 귀룽나무, 부처꽃 *Lythrum salicaria* subsp. *anceps* 등 물을 좋아하는 식물들이 살고 있다. 4년 동안 개울 주변에는 퇴비고 비료고 한 번도 준 적이 없지만 모든 식물이 무럭무럭 잘도 자란다.

# 실패가 키운 나의 정원,
# 정원이 키운 나

> 가드너란 식물이 순리대로
> 살 수 있게 해 주는 사람

어느 날 가드닝 초보자인 언니가 에키나시아의 시든 꽃을 제거데드헤딩하다가 울었다고 했다. 서글프고 기뻐서 그랬단다. 겨드랑이에서 올라오는 어린 꽃들이 건강하게 꽃을 피울 수 있도록 시든 꽃들을 잘라 주면서, 이제는 자식들에게 무대를 내주고 자리를 내려와야 할 때라는 사실이 한편으로는 서글프기도 하고, 또 한편으로는 감격스러웠다고 했다. 아이들을 믿고, 아이들에게 맡겨 주어야 한다는 것을 머리가 아니고 가슴으로 받아들이게 되었다고 했다.

남편은 책을 엄청 많이 읽는 사람이었다. 휴가철을 앞두고는 장편소설이나 벼르던 신간들을 미리 준비해 놓고 휴가 내내 책을 읽었다. 매달 수십 만 원씩 책값으로 지불하는 사람이었지만 산골로 들어온 이후로는 책을 읽지 않는다. 어느 날 내가 물었다.

"왜 요즘에는 책 안 읽어요?"

"책보다 재미있는 것들이 많아. 자연에서 배우는 게 더 많지."

**역지사지易地思之라는 말을 생각한다**

산골로 이사 온 지 얼마 되지 않았을 때, 산딸나무를 심었다. 나무를 심고 유박을 한 바가지씩 올려 주었다. 친정엄마가 지금 거름을

암석가든은 건조하다. 경사지이기도 하고, 한낮의 타는 듯한 햇볕을 받은 암석에서 뿜어져 나오는 열기도 한몫한다. 게다가 흙도 제대로 만들지 못하고 식물부터 심기 시작한 대표적인 초보자 정원이다. 그럼에도 불구하고 칭찬해 주고 싶은 한 가지는 내건성이 좋은 식물들을 골라 심었다는 점이다.

(사진 왼쪽 위부터 시계 방향으로) 두번 째 해부터 노란색으로 변하기 시작한 살구색 코레옵시스Coreopsis. 안개 같은 좀새풀 '픽시 파운틴'은 비옥한 땅을 좋아해서 가물 때는 물을 챙겨 주어 한다. 휴케라Heuchera와 헬레보루스 오리엔탈리스는 알려진 정보와는 달리 월동에 어려움을 겪고 있어서 가을마다 낙엽이불을 오리털이불처럼 덮어 주어야 한다. 하지만 그나마도 겨울이 따뜻해야 간신히 꽃을 피운다.

주면 안 된다고 했다. 다시 거두면서 왜냐고 물었다.

"짜잖아! 쓰리지."

"짜? 유박이 짜다고?"

나무뿌리가 잘렸는데, 거름기 많은 유박을 주면 상처가 쓰릴 것이라는 이야기였다. 나무 입장에서 그들의 상태를 나도 느끼고 싶었다. 엄마는 그걸 엄마의 느낌대로 '짜다'고 표현했던 것이다. 식물에게 문제가 생기면 '얘는 뭐가 마음에 안 들었을까?' 식물의 입장에서 생각했을 때 해결되는 일이 더 많은 것 같다. 원산지를 고민해보고, 기후와 토양, 작년의 상황과 다른 점 등 새로운 시각, 상대방의 입장에서 생각하는 역지사지를 정원에서 절실하게 경험하고 있다. 식물이 말을 안 해 주니 내가 궁리해서 알아내는 수밖에. 지금 거름을 주어야 하는지, 물을 주어야 하는지, 보온이 필요한지 등의 여부는 전적으로 식물의 상태에 달려 있으니까!

**그 땅에 맞는 올바른 식물을 심어라**

어느 해 이른 봄에 영국의 정원을 둘러본 적이 있다. 한겨울 외투를 입고 다녀야 할 만큼 겨울이나 다름없는 날씨였는데도 봄 정원은 천국같이 환상적인 모습이었다. 수십 년은 자랐을 것 같은 나무 몸통 아래로 흰색 바람꽃*Anemone*, 노란색과 보라색의 크로커스*Crocus*, 실라*Scilla*, 설강화스노드롭, *Galanthus nivalis* 등이 아롱다롱 땅바닥에서 춤을 추고, 그 위로 대왕대비 같은 헬레보루스 오리엔탈리스사순절장미, *Helleborus orientalis*가 무심하게 내려다보고 있었다. 이 천국 같은 풍경을 반드시 만들고야 말리라!

욕심 사납게 헬레보루스 니게르를 70여 포기 정도 심고, 설강화도 심고, 크로커스도 심었다. 하지만 헬레보루스 니게르는 북풍을 막아 주는 산자락 아래, 가장 양지바른 곳에 자리 잡은 서너 그루만 꽃을 피우고 다른 아이들은 죽지 못해 싹을 올렸다. 해가 갈수록 점점 개체 수는 줄어들었고, 꽃도 네다섯 송이 이상 피우지 못했다. 수백 개의 설강화 구근도 달랑 한 포기에서 꽃 두 송이를 피우는 것으로 끝이 났고, 그마저도 이듬해에는 보이지 않았다. 크로커스는 몇 개 올라왔지만 이 아이도 마찬가지로 이듬해에는 하나도 볼 수 없었다. 이 모든 식물의 내한성은 영하 40도까지 견딘다는 zone3였다. 그래서인지, 죽지는 않는다. 꽃도 부실하고, 줄기도 부실하지만 뿌리는 살아 있다. 그렇게 점점 사라져 간다.

이런 식물이 한둘이랴! 돌부채 *Bergenia*도 그렇고 크로커스미아 '루시퍼' *Crocosmia curtonus* 'Lucifer'도 그렇고, 리시마키아 '보졸레' *Lysimachia nummularia* 'Beaujolais'도 그렇고, 로벨리아 카디날리스 *Lobelia cardinalis*도, 휴케라 *Heuchera*도 그렇다. 인간의 욕심대로 개량한 식물들은 결국은 본성으로 돌아가는 것 같다. 실험실에서는 영하 40도를 견딜 수 있었겠지만, 현실에서는 너무 힘겨운 삶이었을 것이다. 개량해서 시장에 나온 코레옵시스 *Coreopsis*의 살구색 꽃도 해가 갈수록 부모의 노란색으로 돌아가고, 뿌리로 번식하지 못하게 개량해도 몇 년이 지나면 슬슬 번식해 나간다. 결국, 자연의 본성대로 살게 하는 길이 순리가 아닐까?

영국의 정원가 베스 채토 Beth Chatto는 사막이나 다름없는 지역에, 사막에서나 살아가는 식물들로, 명화 같은 정원을 만들었다. 정원이 조성된 이후 40여 년간 물을 한 번도 준 적이 없다는 그녀의 철

학이 명품이다.

'right plant, right place 그 땅에 맞는 올바른 식물'

그야말로 식물들이 순리대로 살 수 있게 만들어 준 진정한 가드너가 아닌가 싶다.


**신체적·정신적 건강은 덤, '재미'는 특혜**

바깥 활동을 하면 사람들은 더 깊은 호흡을 하게 되고, 호흡이 깊어지면 폐가 깨끗해지고 소화력·면역력이 좋아진다. 또 깊은 호흡은 혈액 속 산소 농도도 높여 준다. 그뿐만이 아니다. 심박수를 안정시키고 근육의 긴장을 완화해 준다는 보고도 있다. 햇빛이 혈압을 낮추어 주고, 비타민D를 생성해 준다는 사실도 잘 알려져 있다. 이렇게 수치로 나타나는 정량적 결과를 들이대지 않아도 정원을 가꾸는 일은 무엇보다 인생에서 꽤나 값나가는 '재미'를 준다! 그야말로 자연이 주는 '특혜'가 아닌가!

글을
맺으며

"할머니 병아리가 나와요. 암탉이랑 떼어 놓아야 할까요? 큰 닭들이 못살게 군다는데요?"
"가만 놔둬! 에미가 다 알아서 해."
"병아리 먹이는 뭘 준비해야 되나요?"
"가만 놔둬! 에미가 다 알아서 해."
"추우면 어떡하죠? 저녁에는 3~4도 밖에 안 되는데?"
"가만 놔둬! 에미가 다 알아서 해."

닭이 알을 품은 지 20일이 넘어서 어찌할 바를 몰라 안절부절못하다가 옆집 할머니네로 뛰어갔다. "가만 놔둬!" 그래! 이것이 진리다. 자연이 모두 알아서 키워 준다. 인간도 자연이라 가만 놔둘 때, 가장 인간답게 자라는 법이라 했다.

모든 게 완벽해야 직성이 풀리던 때가 있었다. 하지만 10년 정원을 가꾸면서 한 번이라도 내 성에 차도록 완벽했던 때가 있었던가? 작년에 그렇게 만족스러웠던 암석가든의 봄 정원이 2022년 봄 가뭄을 겪으면서 네페타*Nepeta*도 쪼그라들고, 램스이어*Stachys byzantina*는 70퍼센트 넘게 사라졌다. 자연은 해마다 예측할 수가 없다. 자연은 이렇게 변덕을 부리고 예측하기 어려운 일을 벌인다. 나는 왜 완벽하려고 했을까? 자연이 그러하듯, '틀리면 어때? 괜찮아. 다시 하면 되지!' 정원은 나에게 너그러워지는 법을 가르쳐 주었다. 나는 정원에서

'스스로 그러한' 위대한 자연의 방식을 배우고 있다.

인생을 살면서 진정으로 감격스럽고, 행복하고, 기쁨에 겨웠을 때가 몇 번이나 있었을까? 정원은 예상치 못했던 기쁨과 환희, 희망찬 미래로 가득 차 있다. 찬란한 여름을 보내고 차차 퇴색해 가는 단풍의 쓸쓸함에 빠질 새도 없이 다시 튤립, 알리움, 수선화를 심으면서 내년 봄의 감동을 꿈꾼다. 정원에는 항상 미래와 희망과 기쁨과 설렘이 있다. 인생에 이만한 선물이 또 있을까! 분에 넘치는 이런 선물을 받는 나는 정원의 가장 큰 수혜자다.

## 찍박골정원   신나는 실패가 키운 나의 정원 이야기

글·사진 김경희

1판 1쇄 펴낸날 2023년 6월 9일
1판 3쇄 펴낸날 2025년 8월 29일

펴낸이 전은정
펴낸곳 목수책방
출판신고 제25100-2013-000021호
대표전화 070 8151 4255
팩시밀리 0303 3440 7277

이메일 moonlittree@naver.com
블로그 blog.naver.com/moonlittree
페이스북 moksubooks
인스타그램 moksubooks
스마트스토어 smartstore.naver.com/moksubooks

디자인 studio fttg
제작 야진북스

Copyright ⓒ 2023 김경희와 목수책방의 독점 계약에 의해 출간되었으므로
이 책에 실린 내용의 무단 전재와 무단 복제, 광전자 매체 수록을 금합니다.

ISBN 979-11-88806-40-9 (03520)
가격 23,000원